乡村居民法治教育通俗读物

YU SHI YOU FA SHENGHUO FAZHI SHOUCE

遇事有法：生活法制手册

陈文琼 曾令辉 主 编

杨 强 谢恩芝 副主编

广西人民出版社

图书在版编目（CIP）数据

遇事有法：生活法制手册/陈文琼，曾令辉主编.—南宁：广西人民出版社，2017.2（2018.10重印）
（乡村居民法治教育通俗读物）
ISBN 978-7-219-10206-0

Ⅰ.①遇…　Ⅱ.①陈…　②曾…　Ⅲ.①法律—中国—普及读物　Ⅳ.①D920.5

中国版本图书馆CIP数据核字（2017）第029618号

策　　划　温六零
责任编辑　严　颖　罗　雯
责任校对　雷翘铭

出版发行	广西人民出版社
社　　址	广西南宁市桂春路6号
邮　　编	530028
印　　刷	广西桂川民族印刷有限公司
开　　本	787mm × 1092mm　1/16
印　　张	6.75
字　　数	100千字
版　　次	2017年2月　第1版
印　　次	2018年10月　第5次印刷
书　　号	ISBN 978-7-219-10206-0
定　　价	15.00元

博白县普法依法治县领导小组办公室委托资助项目成果
广西师范学院法律硕士学科建设经费资助出版

遇事有法：生活法制手册

前　言

为深入贯彻落实党的十八届四中全会精神和自治区党委十届五次全会精神，进一步提高乡村居民懂法、守法、依法、用法的意识和素养，深化法治宣传教育，我们组织编写了《遇事有法：生活法制手册》一书。

本书主要阅读对象为乡村居民，以乡村居民在家庭生活、生产劳动、公共生活中涉及的常见法治问题为主要内容，旨在培养乡村居民懂法、守法的意识和能力，克服乡村居民在社会生产生活中遇事讲人情、讲关系，不讲法律、不讲法治的现象，帮助乡村居民树立起遇事讲法的法治思维和行为方式。该书主要包括婚姻家庭、土地与农业生产、社会治安管理、人身侵害、维权方式等五个部分，每一部分包括三四个内容，每一内容设计三五个问题，每一问题以案例为导向提出，并针对案例及问题给出法条链接，书中对案例的分析均以案例发生时的法律条文为准。

相信该书必有乡村居民想看、想读，且会读得有趣，读得有味，读得有效果，并从书中学到哪些该做，哪些可为，哪些禁止，使生活法治化，让法治成为一种生活常态。

编者

二〇一七年一月

目录

第一部分

婚姻家庭

【导读】

婚姻

抚养

赡养

继承

婚姻家庭是人生的重要组成部分，婚姻家庭中包含了丰富的社会法律问题。婚姻家庭问题处理不好，不仅会影响人的正常生活，还会引发纠纷，如果处理不当极易产生严重后果。这一部分内容主要涉及婚姻、抚养、赡养、继承等方面的问题，如婚前彩礼的返还、有效婚姻、重婚、婚后财产、离婚时财产和债务的分割等。

一、婚姻

1. 婚前给付的彩礼是否可以要求返还？

案例

王某（男）和阮某（女）两人经人介绍认识，于2013年1月按照农村习俗举行了婚礼，之后阮某住到了王某家。其间王某通过媒人给了阮某2万元彩礼，王某父母及亲戚还送给阮某金项链、金手镯、金戒指等物品，后双方一直未办理结婚登记手续。王某和阮某同居后不久，便因性格不合和生活琐事产生矛盾，阮某一气之下回了自己家。王某后来多次找到阮某要求其返还2万元彩礼，阮某说彩礼给了就不能退，于是王某将阮某告上了法庭。法院经审理后认为，本案原告为与被告结婚而给付被告彩礼，被告收受彩礼后并未与原告办理结婚登记手续，现原告要求返还彩礼，符合法律规定，被告应予返还。

法条链接

《最高人民法院关于适用〈中华人民共和国婚姻法〉若干问题的解释（二）》第十条规定，当事人请求返还按照习俗给付的彩礼的，如果查明属于以下情形，人民法院应当予以支持：（一）双方未办理结婚登记手续的；（二）双方办理结婚登记手续但确未共同生活的；（三）婚前给付并导致给付人生活困难的。

适用前款第（二）、（三）项的规定，应当以双方离婚为条件。

2. 什么是有效婚姻？

案例

2012年6月，朱某在打工期间认识了同厂的女职工李某，两人相恋一年后，朱某带李某回老家过年并按照老家的习俗举行了婚礼。随后，二人一同回到打工地点以夫妻名义租房居住，但双方一直未办理婚姻登记手续。2013年9月，朱某在一次车祸中意外死亡，并得到了30万元的死亡赔偿金。对于朱某死亡赔偿金的分配问题，李某与朱某的父母产生了争议，后双方诉讼至人民法院。法院经审理后认为，朱某与李某并没有依法进行结婚登记，双方只是同居关系，不是合法夫妻，故李某无权继承朱某的死亡赔偿金，死亡赔偿金应归朱某的父母所有。

法条链接

《最高人民法院关于适用〈中华人民共和国婚姻法〉若干问题的解释（一）》第五条规定，……1994年2月1日民政部《婚姻登记管理条例》公布实施以前，男女双方已经符合结婚实质要件的，按事实婚姻处理……本案双方当事人是在2012年6月以后举办的婚礼，但并未进行婚姻登记，因此不是事实婚姻，双方当事人的婚姻关系也并未确立。死亡赔偿金原则上应由家庭生活共同体成员共同取得，李某与朱某并未成为彼此的家庭成员，因此李某无权继承朱某的死亡赔偿金。

3. 哪些情况算重婚？

案例

2010年6月，被告人王某（男）与吴某登记结婚，并育有一儿一女；2011年2月，被告人廖某（女）与赵某登记结婚，并育有一子。王某和廖某是老乡，2012年3月，两人在打工期间认识，很快发展为非法同居关系，并生养一女。2013年9月，王某妻子吴某得知情况后，到王某和廖某打工和居住的地方哭闹，王某和廖某依然不予理睬，继续维持非法同居关系。吴某无奈之下向人民法院起诉，请求人民法院判令解除王某和廖某的非法同居关系，并对两名被告人的违法行为予以处罚。

人民法院经审理后认为，被告人王某和廖某各自有配偶，却公然非法同居两年多，还生养一女，破坏了双方正常的婚姻家庭关系，其行为已构成重婚罪。根据《中华人民共和国刑法》第二百五十八条规定，判处被告人王某有期徒刑一年六个月，廖某有期徒刑一年，两名被告人王某和廖某的非法同居关系予以解除。

法条链接

《中华人民共和国刑法》第二百五十八条规定，有配偶而重婚的，或者明知他人有配偶而与之结婚的，处二年以下有期徒刑或者拘役。

4. 婚后财产归谁所有？

案例

王某与李某于1988年经人介绍相识，1989年登记结婚，因感情不和，2007年王某向法院起诉离婚，并主张李某现住房屋是王某婚前个人财产。一审法院认为，王某与李某分居多年，夫妻感情确已破裂，应准予离婚；双方现居住的房屋是婚前王某父亲所建，不是婚后夫妻共同财产。李某对一审判决表示不服，认为现居住的房屋乃夫妻共同财产，继而提起上诉。

二审法院认为，王某父亲于婚前建给王某并于1990年将产权过户给王某的房屋，是属于婚后夫妻共同继承或赠与所得的财产，属于夫妻共同财产。

法条链接

《中华人民共和国婚姻法》第十七条规定，夫妻在婚姻关系存续期间所得的下列财产，归夫妻共同所有：（一）工资、奖金；（二）生产、经营的收益；（三）知识产权的收益；（四）继承或赠与所得的财产，但本法第十八条第三项规定的除外；（五）其他应当归共同所有的财产。

夫妻对共同所有的财产，有平等的处理权。

《中华人民共和国婚姻法》第十八条规定，有下列情形之一的，为夫妻一方的财产：（一）一方的婚前财产；（二）一方因身体受到伤害获得的医疗费、残疾人生活补助费等费用；（三）遗嘱或赠与合同中确定只归夫或妻一方的财产；（四）一方专用的生活用品；（五）其他应当归一方的财产。

《最高人民法院关于适用〈中华人民共和国婚姻法〉若干问题的解释（二）》第十三条规定，军人的伤亡保险金、伤残补助金、医药生活补助费属于个人财产。

《中华人民共和国婚姻法》第十九条规定，夫妻可以约定婚姻关系存续期间所得的财产以及婚前财产归各自所有、共同所有或部分各自所有、部分共同所有。约定应当采用书面形式。没有约定或约定不明确的，适用本法第十七条、第十八条的规定。

夫妻对婚姻关系存续期间所得的财产以及婚前财产的约定，对双方具有约束力。

夫妻对婚姻关系存续期间所得的财产约定归各自所有的，夫或妻一方对外所负的债务，第三人知道该约定的，以夫或妻一方所有的财产清偿。

《最高人民法院关于适用〈中华人民共和国婚姻法〉若干问题的解释（三）》第五条规定，夫妻一方个人财产在婚后产生的收益，除孳息和自然增值外，应认定为夫妻共同财产。

5. 离婚时财产和债务如何分割?

案例

杨某和李某于2008年1月登记结婚。婚后，杨某请了家装修公司帮自己装修房屋，装修完后一直欠装修公司装修费5万元，因此杨某给装修公司写了一张欠条。

杨某与李某婚后感情不和，2011年4月，李某向人民法院起诉离婚，法院判决准予离婚，并对财产和债务做了分割。2012年3月，装修公司因装修费找到李某要求还款，李某说自己已与杨某离婚，要钱就去找杨某。装修公司找到杨某，杨某说离婚时法院将债务判给了李某承担，自己已无义务偿还债务。装修公司无奈将杨某与李某二人起诉到了法院。

法院认为，根据《最高人民法院关于适用〈中华人民共和国婚姻法〉若干问题的解释（二）》第二十五条规定，当事人的离婚协议或者人民法院的判决书、裁定书、调解书已经对夫妻财产分割问题作出处理的，债权人仍有权就夫妻共同债务向男女双方主张权利。一方就共同债务承担连带清偿责任后，基于离婚协议或者人民法院的法律文书向另一方主张追偿的，人民法院应当支持。因此，杨某和李某应连带承担偿还装修公司债务的责任。

法条链接

《中华人民共和国婚姻法》第三十九条规定，离婚时，夫妻的共同财产由双方协议处理；协议不成时，由人民法院根据财产的具体情况，照顾子女和女方权益的原则判决……

《中华人民共和国婚姻法》第四十条规定，夫妻书面约定婚姻关系存续期间所得的财产归各自所有，一方因抚育子女、照料老人、协助另一方工作等付出较多义务的，离婚时有权向另一方请求补偿，另一方应当予以补偿。

《中华人民共和国婚姻法》第四十一条规定，离婚时，原为夫妻共同生活所负的债务，应当共同偿还。共同财产不足清偿的，或财产归各自所有的，由双方协议清偿；协议不成时，由人民法院判决。

二、抚养

1. 离婚后子女如何抚养？

案例

小天的父母离婚时达成协议，小天由母亲抚养，父亲每月给付抚养费1000元，母亲给付父亲房屋等财产折抵款20万元。因母亲一直未给付房屋等财产折抵款，父亲因此拒绝继续给付抚养费，小天母亲因多次索要抚养费未果，不让父亲探望小天。小天父亲起诉到法院，要求小天母亲给付离婚时协议的财产折抵款，并要求恢复其探望小天的权利。法院经审理后判决：小天母亲按照离婚协议按时给付财产折抵款；小天父亲可以每周探视儿子1次，寒假探视10天，暑假探视20天；小天父亲按照离婚协议按时支付小天的抚养费。

法条链接

《中华人民共和国婚姻法》第三十六条规定，父母与子女间的关系，不因父母离婚而消除。离婚后，子女无论由父或母直接抚养，仍是父母双方的子女。

离婚后，父母对于子女仍有抚养和教育的权利和义务。

离婚后，哺乳期内的子女，以随哺乳的母亲抚养为原则。哺乳期后的子女，如双方因抚养问题发生争执不能达成协议时，由人民法院根据子女的权益和双方的具体情况判决。

《中华人民共和国婚姻法》第三十七条规定，离婚后，一方抚养的子女，另一方应负担必要的生活费和教育费的一部或全部，负担费用的多少和期限的长短，由双方协议；协议不成时，由人民法院判决。

关于子女生活费和教育费的协议或判决，不妨碍子女在必要时向父母任何一方提出超过协议或判决原定数额的合理要求。

《中华人民共和国婚姻法》第三十八条规定，离婚后，不直接抚养子女的父或母，有探望子女的权利，另一方有协助的义务。

行使探望权利的方式、时间由当事人协议；协议不成时，由人民法院判决。

父或母探望子女，不利于子女身心健康的，由人民法院依法中止探望的权利；中止的事由消失后，应当恢复探望的权利。

2. 什么是夫妻间的抚养义务？

案例

原告李某与被告王某于2006年7月6日登记结婚并同居生活。2012年12月原被告吵架后，原告李某回娘家居住，随后因出现精神障碍到医院治疗，被诊断为精神分裂症，花去医疗费818元，交通费400元。2013年4月28日，原告到医院进行了精神病鉴定，鉴定结论为应激相关障碍（反应性精神障碍），丧失工作能力和个人生活自理能力，支出鉴定费及检查费共1300元，交通费600元。原告出院后继续回娘家居住，其间被告一直没有去探望原告，也不支付原告治疗的费用。

法院经审理后认为，原告在生病住院期间及出院后，被告从未去探望原告，没有履行相应的扶养义务，因此对被告不履行扶养义务的行为应予以批评，根据《中华人民共和国婚姻法》第二十条规定，判决被告王某支付原告李某治疗费、扶养费共计4620.8元，并承担原告李某以后的治疗等费用。

法条链接

《中华人民共和国婚姻法》第二十条规定，夫妻有互相扶养的义务。一方不履行扶养义务时，需要扶养的一方，有要求对方付给扶养费的权利。

3. 祖孙之间、兄弟姐妹之间有抚养义务吗？

案例

小明13岁时，父母因车祸双双死亡，小明的爷爷奶奶都还健在，并且爷爷每月有1000元的退休金，小明有一个刚嫁人的姐姐，姐夫家的生活条件也还不错。父母去世后，小明的抚养费和上学的费用就一直由爷爷支付。可不幸的是，去年爷爷因外出摔倒，导致骨折，花了大量的医疗费，爷爷奶奶已没有任何积蓄，无法再支付小明的各种花销，小明的姐姐认为嫁出去的姑娘就更没有照顾弟弟的义务，拒绝扶养小明。无奈之下，奶奶将小明的姐姐告到法院，请求法院依法判处小明的姐姐每月支付小明的抚养费。

法院经审理后认为，小明的姐姐完全有负担能力，现今父母都已死亡，小明为未成年人，没有经济能力，爷爷奶奶都已年迈，爷爷现今又已伤残，已经没有抚养小明的能力，遂判决，由小明的姐姐每月支付小明500元的生活费，至小明满十八周岁为止。

法条链接

《中华人民共和国婚姻法》第二十八条规定，有负担能力的祖父母、外祖父母，对于父母已经死亡或父母无力抚养的未成年的孙子女、外孙子女，有抚养的义务。有负担能力的孙子女、外孙子女，对于子女已经死亡或子女无力赡养的祖父母、外祖父母，有赡养的义务。

《中华人民共和国婚姻法》第二十九条规定，有负担能力的兄、姐，对于父母已经死亡或父母无力抚养的未成年的弟、妹，有扶养的义务。由兄、姐扶养长大的有负担能力的弟、妹，对于缺乏劳动能力又缺乏生活来源的兄、姐，有扶养的义务。

三、赡养

1. 子女不赡养父母怎么办？

案例

杨某今年67岁。早年，丈夫病逝，留下四个儿子。几年前，四个儿子假借杨某年老体弱不能种田为由，把杨某的承包田分掉，使杨某再无经济来源，杨某只好以捡破烂为生。2015年夏天，杨某得了一场大病，已经不能再出去捡破烂，也没有钱继续看病。杨某找到四个儿子想要些赡养费，四个儿子以各种理由不出钱。杨某只好找司法所帮助调解，经过司法所的调解，四个儿子同意赡养老人。

法条链接

《中华人民共和国婚姻法》第二十一条规定，父母对子女有抚养教育的义务；子女对父母有赡养扶助的义务。

……子女不履行赡养义务时，无劳动能力的或生活困难的父母，有要求子女付给赡养费的权利。

2. 继子女有义务赡养继父母吗?

案例

王大（男）与程某（女）于1985年结婚，婚后的几年里，两人生育一女王某。但两人几年相处下来，感情越来越不好，不久，两人就因感情不和离婚。离婚后，女儿由程某抚养，王某承担女儿所有的读书和生活费用。1990年，程某带着女儿王某改嫁胡某，由于婚后没有生育子女，所以继父胡某对王某疼爱备至，10年来给女儿王某无微不至的照顾。随着时间的推移，王某与继父的感情越来越好，继父胡某也更加疼爱王某。2002年，程某因大病，经救治无效死亡，因此王某与继父的联系越来越少，感情日渐疏远。之后，胡某因生意落败，生活困难，向王某要赡养费。胡某认为他对王某尽到了抚养义务，有权要求她承担义务，但是遭到继女王某的拒绝。无奈之下，继父胡某将继女王某告到法院，要求其承担赡养义务。

法院认为，继父胡某尽到了对继女王某长达十几年的抚养义务，他们之间的拟制血亲关系已经形成，就具有抚养与赡养的权利和义务，法院对胡某要求王某承担赡养义务的请求予以支持。

法条链接

《中华人民共和国婚姻法》第二十七条规定，继父母与继子女间，不得虐待或歧视。

继父或继母和受其抚养教育的继子女间的权利和义务，适用本法对父母子女关系的有关规定。

3. 不继承遗产就可以不赡养父母吗？

案例

81岁的李老太，和大女儿一家一起生活。李老太另有一个小儿子，住得比较远，平时联系较少。2016年，李老太的大女儿因工作单位效益不好而提前退休，每月退休金700多元。李老太的女婿则在一家小企业中的某科室当个科员，工资收入也不过每月1500元。由于李老太年纪较大，又患有高血压、心脏病等多种疾病，每年要住院好几次，大女儿一家的经济由此陷入困境。大女儿多次与小儿子联系，要求其分担母亲的医药费。小儿子却说，当初分家时，他早就放弃了继承权，现在不能有了问题就找他，他已经没有赡养母亲的义务了。

大女儿因此向法院提起诉讼。法院审理后认为，赡养父母是法律规定子女必须履行的一项义务。有能力赡养而不赡养，分配遗产时可能会少分或不分，但是如果子女以放弃继承权为由，不尽赡养父母的义务，这是法律所不允许的，遂判决小儿子每个月给予李老太1000元的赡养费。

法条链接

《中华人民共和国婚姻法》第二十一条规定，父母对子女有抚养教育的义务；子女对父母有赡养扶助的义务。

……子女不履行赡养义务时，无劳动能力的或生活困难的父母，有要求子女付给赡养费的权利。

《中华人民共和国老年人权益保障法》第十九条规定，赡养人不得以放弃继承权或者其他理由，拒绝履行赡养义务。

赡养人不履行赡养义务，老年人有要求赡养人付给赡养费等权利。

四、继承

1. 谁享有遗产继承权？

案例

王大爷和老伴儿有四个儿子和两个女儿。七年前，王大爷的承包地被征用，得了一百多万的征地补偿款。王大爷和老伴儿就离开村子，在城里买了一套房子居住。2016年3月份，王大爷和老伴儿相继去世，王大爷的子女就因为一百多万的遗产争了起来。儿子们说把家产平分四份，四个儿子一人一份。女儿们要求分成六份，她们也要分钱。双方互不相让，最后闹上法院。

法院经审理后认为，男女都有继承权，同一顺序继承人的继承份额一般相等，判定将王大爷的遗产分为六份，每个子女都继承一份。

法条链接

《中华人民共和国继承法》第九条规定，继承权男女平等。

《中华人民共和国继承法》第十条规定，遗产按照下列顺序继承：

第一顺序：配偶、子女、父母。

第二顺序：兄弟姐妹、祖父母、外祖父母。

继承开始后，由第一顺序继承人继承，第二顺序继承人不继承。没有第一顺序继承人继承的，由第二顺序继承人继承。

本法所说的子女，包括婚生子女、非婚生子女、养子女和有扶养关系的继子女。

本法所说的父母，包括生父母、养父母和有扶养关系的继父母。

本法所说的兄弟姐妹，包括同父母的兄弟姐妹、同父异母或者同母异父的兄弟姐妹、养兄弟姐妹、有扶养关系的继兄弟姐妹。

《中华人民共和国继承法》第十三条规定，……对被继承人尽了主要扶养义务或者与被继承人共同生活的继承人，分配遗产时，可以多分……

《中华人民共和国继承法》第十四条规定，对继承人以外的依靠被继承人扶养的缺乏劳动能力又没有生活来源的人，或者继承人以外的对被继承人扶养较多的人，可以分给他们适当的遗产。

2. 遗产如何认定与分配？

案例

张某生前有两间房子，一张六千元的存折，养了六头猪，自家林地里还种了九十棵树，和妻子育有两个孩子，还有一位年迈的母亲。2014年7月20日，张某外出不幸发生车祸，当场死亡，生前没有订立任何遗嘱。后针对其遗产分割，妻子与母亲产生分歧，无奈之下，老母亲将儿媳妇告上法院，请求法院给她主持公道。

法院经审理后判决：两间房子、六千元存款、六头猪、九十棵树均属于张某和妻子的共有合法财产。上述财产首先由妻子享有二分之一，即妻子享有一间房子、三千元存款、三头猪、四十五棵树。剩下的二分之一为张某的个人遗产，再由妻子、老母亲、两个孩子平均分配，每人分得四分之一。不宜分割的，可将遗产折价或者共有等方法处理。

法条链接

《中华人民共和国继承法》第三条规定，遗产是公民死亡时遗留的个人合法财产，包括：（一）公民的收入；（二）公民的房屋、储蓄和生活用品；（三）公民的林木、牲畜和家禽；（四）公民的文物、图书资料；（五）法律允许公民所有的生产资料；（六）公民的著作权、专利权中的财产权利；（七）公民的其他合法财产。

最高人民法院关于贯彻执行《中华人民共和国继承法》若干问题的意见第三条规定，公民可继承的其他合法财产包括有价证券和履行标的为财物的债权等。

《中华人民共和国继承法》第五条规定，继承开始后，按照法定继承办理；有遗嘱的，按照遗嘱继承或者遗赠办理；有遗赠扶养协议的，按照协议办理。

《中华人民共和国继承法》第十条规定，遗产按照下列顺序继承：

第一顺序：配偶、子女、父母。

第二顺序：兄弟姐妹、祖父母、外祖父母……

《中华人民共和国继承法》第二十六条规定，夫妻在婚姻关系存续期间所得的共同所有的财产，除有约定的以外，如果分割遗产，应当先将共同所有的财产的一半分出为配偶所有，其余的为被继承人的遗产。

遗产在家庭共有财产之中的，遗产分割时，应当先分出他人的财产。

《中华人民共和国继承法》第二十九条规定，遗产分割应当有利于生产和生活需要，不损害遗产的效用。

不宜分割的遗产，可以采取折价、适当补偿或者共有等方法处理。

3. 入赘女婿有无继承权？

案例

王甲与邹某两位老人育有两个女儿，早年老人自己出钱在村里修建了两间房屋。王乙与老人的长女王丙于2005年登记结婚，并按当地习俗入赘。2008年，王丙因车祸死亡，之后王乙一直赡养照顾老人直至2013年，两位老人先后因病去世。此时老人的二女王丁向法院起诉，要求将老人留下的两间房屋全部判归其所有，欲独占老人遗产。

法院审理后认为：王乙在妻子去世后一直对老人尽了主要赡养义务，依法享有老人遗产的继承权。

法条链接

《中华人民共和国继承法》第十二条规定，丧偶儿媳对公、婆，丧偶女婿对岳父、岳母，尽了主要赡养义务的，作为第一顺序继承人。

4. “父债子偿”有无法律依据？

案例

2011年2月，彭某向汤某借款10万元，借款期限为12个月，并写有借据。借款到期后，彭某没有按时还款。2013年3月，彭某因病去世，留有一栋房屋，由于彭某的妻子已于2010年去世，其遗产由其子女继承。汤某遂以彭某的子女为被告诉至法院，请求偿还彭某向自己借的10万元。

法院认为本案中，彭某的子女继承了彭某的房屋，而房屋的市场估价为55万元，彭某的子女应当全额承担彭某的债务。

法条链接

《中华人民共和国继承法》第三十三条规定，继承遗产应当清偿被继承人依法应当缴纳的税款和债务，缴纳税款和清偿债务以他的遗产实际价值为限。超过遗产实际价值部分，继承人自愿偿还的不在此限。

继承人放弃继承的，对被继承人依法应当缴纳的税款和债务可以不负偿还责任。

第二部分

土地与农业生产

【导读】

土地承包

宅基地

征收补偿

农业生产

农村土地，是指农民集体所有和国家所有依法由农民集体使用的耕地、林地、草地，以及其他依法用于农业的土地。农业，是指种植业、林业、畜牧业和渔业等产业，包括与其直接相关的产前、产中、产后服务。土地与农业生产是农村社会的两个重要因素，这一部分内容主要涉及土地承包、宅基地、征收补偿、农业生产等方面的问题。

一、土地承包

1. 承包期内，发包方可以收回承包地吗？

案例

2002年，某村村民徐某承包了本村的八亩土地，并对土地进行了改良。2010年，为了方便孩子上学，徐某一家人搬到了市区（设区的市）居住，把户口也迁到了市区。某村要求收回承包地，徐某不同意，某村强行将徐某的承包地收回。徐某将某村告上法庭。

法院认为，徐某一家已搬到市区居住，并已将户口迁到了市区转为非农业户口，应当将承包的耕地交回村里，徐某可以因改良土地获得相应补偿。

法条链接

《中华人民共和国农村土地承包法》第二十六条规定，承包期内，发包方不得收回承包地。

承包期内，承包方全家迁入小城镇落户的，应当按照承包方的意愿，保留其土地承包经营权或者允许其依法进行土地承包经营权流转。

承包期内，承包方全家迁入设区的市，转为非农业户口的，应当将承包的耕地和草地交回发包方。承包方不交回的，发包方可以收回承包的耕地和草地。

承包期内，承包方交回承包地或者发包方依法收回承包地时，承包方对其在承包地上投入而提高土地生产能力的，有权获得相应的补偿。

2. 外村人可以承包本村的土地吗？

案例

2009年，某村村委会采取公开招标的形式把其所有的荒山发包给本村村民张某，并且签订了荒山承包合同。过了几天，村民张某与外村人开发商黄某签订了该荒山的转包合同，约定由黄某取得该荒山的承包权，承包期限三十年，黄某支付张某转包费三万元，租金四万元。第二天张某与黄某就该转包合同办理了公证手续，之后，黄某在村委会的支持下办理了该荒山的权属登记。黄某在开发荒山过程中，被本村村民阻挠。村民认为荒山是村民的集体财产，村委会发包该荒山的程序违法，而且不应该转包给外村人，转包合同无效。

法院认为，农民集体所有的土地由本集体经济组织以外的单位或者个人承包经营的，必须经村民会议三分之二以上成员或者三分之二以上村民代表的同意，并报乡（镇）人民政府批准。该村委会不经过村民的集体讨论，擅自转包给外村人黄某是不符合法律规定的。

法条链接

《中华人民共和国土地管理法》第十五条规定，……农民集体所有的土地由本集体经济组织以外的单位或者个人承包经营的，必须经村民会议三分之二以上成员或者三分之二以上村民代表的同意，并报乡（镇）人民政府批准。

3. 出嫁女还能分到土地吗？

案例

王某出嫁前在本村承包了50亩地种西瓜。2014年6月王某嫁到了邻村，并一直在夫家居住，但一直没有取得新的承包地。2015年王某娘家所在的村重新分地，直接剥夺了王某原来承包的土地经营权，王某不服，去找村主任理论。村主任说，嫁出去的姑娘就不能再在娘家取得土地承包经营权了，因为她已经不再是本村人了。王某不服，向法院提起诉讼，请求维护其权利。

法院经审理后认为，王某虽已出嫁，但在夫家一直没有分到土地，所以娘家村不得收回其原承包地，王某仍然享有原来的土地承包经营权。

法条链接

《中华人民共和国农村土地承包法》第六条规定，农村土地承包，妇女与男子享有平等的权利。承包中应当保护妇女的合法权益，任何组织和个人不得剥夺、侵害妇女应当享有的土地承包经营权。

《中华人民共和国农村土地承包法》第三十条规定，承包期内，妇女结婚，在新居住地未取得承包地的，发包方不得收回其原承包地；妇女离婚或者丧偶，仍在原居住地生活或者不在原居住地生活但在新居住地未取得承包地的，发包方不得收回其原承包地。

4. 土地承包经营权可以继承吗？

案例

1998年8月13日，黄某超父亲黄某云将其承包的农田3.08亩转包给同村村民李某经营，因黄某云不识字，转包合同由黄某超姐姐黄某淑代签。后黄某云于2003年去世，去世前将上述3.08亩土地的承包证交给黄某超，并言明该3.08亩土地由黄某超和其姐黄某淑共同继承，每人一半。但黄某淑一直将该3.08亩土地全部据为己有。黄某超多次与黄某淑协商，黄某淑均不同意返还。黄某超向人民法院提起诉讼，请求维护其对该3.08亩土地中的1.54亩土地的继承权，并要求黄某淑交付该部分土地。

法院审理后认为，黄某超、黄某淑均已在婚后组成了各自的家庭。农村土地实行第二轮家庭承包经营时，黄某云家庭、黄某超家庭、黄某淑家庭均各自取得了土地承包经营权及相应的土地承包经营权证书，至此，黄某超、黄某淑已不属于黄某云土地承包户的成员，而是各自独立的三个土地承包户。黄某云夫妇均已去世，该承包户已无继续承包人，黄某云夫妇去世后遗留的3.08亩土地的承包经营权应由该土地的发包人予以收回。

法条链接

《中华人民共和国继承法》第三条规定，遗产是公民死亡时遗留的个人合法财产……农村土地承包经营权不属于个人财产，故不发生继承问题。

《中华人民共和国农村土地承包法》第三十一条规定，承包人应得的承包收益，依照继承法的规定继承。

林地承包的承包人死亡，其继承人可以在承包期内继续承包。

《中华人民共和国农村土地承包法》第五十条规定，土地承包经营权通过招标、拍卖、公开协商等方式取得的，该承包人死亡，其应得的承包收益，依照继承法的规定继承；在承包期内，其继承人可以继续承包。

5. 土地承包经营权是否可以流转?

案例

2010年5月，村民王某将自己位于本村大路旁的5亩承包地的承包经营权，以5000元的价格转让给本村李某的父亲，之后李某之父一直耕种该承包地。2011年6月，李某之父又用这5亩承包地换了本村陈某位于南面的5亩承包地，互换双方及王某三方又签订了承包地互换协议，此后李某家耕种该土地7年之久。在此期间，三方共守约定，没有出现争议。2013年，李某之父因病去世。2014年秋，因机场建设需要，有关主管部门依法征用了李某之父与陈某互换来的5亩承包地，并付给李某一定的征用补偿。当陈某看到政府补偿款时，他称承包地互换违法，阻挠李某领取该地的补偿费。为此，李某向法院提起诉讼，要求确认与陈某的互换协议有效，同时享有该5亩承包地的征用补偿款。

法院认为，原告之父与被告之间关于农村土地承包地的互换行为，是自愿流转的，是双方真实意思的表示，是合法有效的，虽没有登记，只是不能对抗善意第三人。土地承包经营权作为一项用益物权，遵循的并非是登记生效主义，而是登记对抗主义，故即使土地承包经营权未经登记亦有效。法院最终判决原告之父与被告承包地互换协议有效，原告作为法定继承人享有南面5亩承包地的承包经营权及征用补偿款的领取权。

法条链接

《中华人民共和国农村土地承包法》第十条规定，国家保护承包方依法、自愿、有偿地进行土地承包经营权流转。

《中华人民共和国农村土地承包法》第三十二条规定，通过家庭承包取得的土地承包经营权可以依法采取转包、出租、互换、转让或者其他方式流转。

《中华人民共和国农村土地承包法》第三十三条规定，土地承包经营权流转应当遵循以下原则：

（一）平等协商、自愿、有偿，任何组织和个人不得强迫或者阻碍承包方进行土地承包经营权流转；

（二）不得改变土地所有权的性质和土地的农业用途；

（三）流转的期限不得超过承包期的剩余期限；

（四）受让方须有农业经营能力；

（五）在同等条件下，本集体经济组织成员享有优先权。

《中华人民共和国物权法》第一百二十八条规定，土地承包经营权人依照农村土地承包法的规定，有权将土地承包经营权采取转包、互换、转让等方式流转。流转的期限不得超过承包期的剩余期限。未经依法批准，不得将承包地用于非农建设。

《中华人民共和国物权法》第一百二十九条规定，土地承包经营权人将土地承包经营权互换、转让，当事人要求登记的，应当向县级以上地方人民政府申请土地承包经营权变更登记；未经登记，不得对抗善意第三人。

《最高人民法院关于审理涉及农村土地承包纠纷案件适用法律问题的解释》第十四条规定，承包方依法采取转包、出租、互换或者其他方式流转土地承包经营权，发包方仅以该土地承包经营权流转合同未报其备案为由，请求确认合同无效的，不予支持。

二、宅基地

1. 法律对农村宅基地是如何规定的？

案例

周某为某村村民，在该村有宅基地一处。1996年周某与李某（非本村村民）签订合同一份，约定周某将该宅基地的使用权以13000元的价格卖给李某，不得反悔。协议签订后，李某将13000元支付给周某，并在宅基地上自己出资建的房屋进行居住。2014年村委会进行旧村改造，将李某居住的房屋拆迁，另择土地建了楼房后进行还建，李某依据自己被拆迁房屋的面积选购楼房两套，并补交款项26万余元。

2014年周某将李某诉至法院，认为1996年的宅基地买卖合同违反法律规定，要求确认该合同无效。庭审中周某还表示，李某之所以能还建两套楼房，是因为购买了宅基地，所以要求李某给周某一套楼房。李某认为，虽然宅基地使用权买卖合同是无效的，但是原宅基地已被村委会以拆迁还建的形式收回另作他用，李某无法返回给周某。当时买宅基地时，没有地上附属物，李某自己出资在宅基地上构建了房屋，而村委会也是依据房屋才还建给李某两套楼房，并且自己还补交了余款，周某要求要一套楼房没有依据。

法院经审理认为，根据《中华人民共和国土地管理法》规定，宅基地使用权不得随意买卖，因此周某与李某之间的宅基地买卖合同无效。根据《中华人民共和国合同法》规定，合同双方依据无效合同取得的财产应予以返还，不能返还或无须返还的折价补偿。因本案中宅基地已被村委会拆迁还建，李某也没有使用权了，不能返还，故应对周某进行折价补偿。而1996年宅基地买卖合同签订时李某支付给周某的13000元，是当时的对价，可以算作对周某的宅基地补偿款。村委会还建给李某的楼房，是基于李某自己出资构建的房屋而不是基于宅基地，周某无权向李某要楼房。因此法院判决支持周某的诉讼请求，确认周某和李某之间的买卖合同无效，但周某无权向李某要楼房。

法条链接

《中华人民共和国土地管理法》第四十四条规定，建设占用土地，涉及农用地转为建设用地的，应当办理农用地转用审批手续……

在土地利用总体规划确定的城市和村庄、集镇建设用地规模范围内，为实施该规划而将农用地转为建设用地的，按土地利用年度计划分批次由原批准土地利用总体规划的机关批准。在已批准的农用地转用范围内，具体建设项目用地可以由市、县人民政府批准……

《中华人民共和国土地管理法》第六十二条规定，农村村民一户只能拥有一处宅基地，其宅基地的面积不得超过省、自治区、直辖市规定的标准。

农村村民建住宅，应当符合乡（镇）土地利用总体规划，并尽量使用原有的宅基地和村内空闲地。

农村村民住宅用地，经乡（镇）人民政府审核，由县级人民政府批准；其中，涉及占用农用地的，依照本法第四十四条的规定办理审批手续。

农村村民出卖、出租住房后，再申请宅基地的，不予批准。

《广西壮族自治区农村宅基地审批管理办法》第十二条规定，农村宅基地面积，平原地区和城市郊区每户不得超过100平方米，丘陵地区、山区每户不得超过150平方米。

《中华人民共和国物权法》第一百五十二条规定，宅基地使用权人依法对集体所有的土地享有占有和使用的权利，有权依法利用该土地建造住宅及其附属设施。

《中华人民共和国物权法》第一百五十三条规定，宅基地使用权的取得、行使和转让，适用土地管理法等法律和国家有关规定。

《中华人民共和国物权法》第一百五十四条规定，宅基地因自然灾害等原因灭失的，宅基地使用权消灭。对失去宅基地的村民，应当重新分配宅基地。

《中华人民共和国物权法》第一百五十五条规定，已经登记的宅基地使用权转让或者消灭的，应当及时办理变更登记或者注销登记。

2. 未经批准擅自占地建房可以吗？

案例

丁某系某村村民，2009年9月，丁某在没有任何合法用地手续的情况下，擅自在某村的集体耕地上建房。2009年9月22日，某市国土资源局执法人员在例行巡查中发现其违法用地行为，立即口头制止其违法行为，并向其发出《责令停止违法用地行为通知书》。但丁某不听劝告，继续施工建设。丁某未经批准，擅自占用集体土地建设住房的行为属违法占地行为。

法条链接

《中华人民共和国土地管理法》第七十七条规定，农村村民未经批准或者采取欺骗手段骗取批准，非法占用土地建住宅的，由县级以上人民政府土地行政主管部门责令退还非法占用的土地，限期拆除在非法占用的土地上新建的房屋。

超过省、自治区、直辖市规定的标准，多占的土地以非法占用土地论处。

3. 宅基地可以转让或继承吗？

案例

1992年2月，王某的父亲以一家四口人（王某父母、王某与其妹妹）的名义，向当地村委会申请宅基地建房。1999年王某高中毕业，考上省城的一所大学，户口随之迁出，后分配到距离家乡不远的某市机关工作，婚后在市里居住。2003年6月王某的妹妹出嫁，户口也随之迁出，老家的住宅一直由王某的父母居住。2008年1月和2010年2月王某的父母先后去世，老宅已无人居住。2010年8月，当地村委会通知王某，因其父母已经过世，村里按规定将其老宅的宅基地使用权收回，要求王某在规定时间里将宅基地上的附着物拆除清理，或者按规定将该处住宅卖给本村无宅基地的村民。这个要求遭到王某的拒绝。王某认为其父母的房屋连同土地应作为遗产由其继承。双方遂起争执，诉讼至法院。

法院审理后认为，根据《中华人民共和国土地管理法》的规定，农村村民一户只能拥有一处宅基地。我国目前土地和房屋是分别实行管理的，依据法律规定，宅基地是农民基于集体经济组织成员身份而享有的，不能继承。但宅基地上建成的房屋则属于公民个人财产，可以继承。同时，农村村民对宅基地只有使用权没有所有权，不能转让或买卖。

法条链接

《中华人民共和国土地管理法》第八条规定，……农村和城市郊区的土地，除由法律规定属于国家所有的以外，属于农民集体所有；宅基地和自留地、自留山，属于农民集体所有。

农村村民对宅基地只有使用权没有所有权，因此不能转让或买卖。

《中华人民共和国继承法》第三条规定，遗产是公民死亡时遗留的个人合法财产，包括：

（一）公民的收入；

（二）公民的房屋、储蓄和生活用品；

（三）公民的林木、牲畜和家禽；

（四）公民的文物、图书资料；

（五）法律允许公民所有的生产资料；

（六）公民的著作权、专利权中的财产权利；

（七）公民的其他合法财产。

4. 农民房屋买卖是否合法？

案例

某村村民李大爷，老伴儿去世后就跟随在省城工作的儿子到城里居住，于是就想卖掉在农村的房子。城里一对夫妇得知后，想买来安度晚年，便和李大爷签订了房屋买卖合同。后来，该村进入市规划范围，李大爷原来的房子也面临拆迁，李大爷和儿子得知后后悔原来卖房的决定，于是找到那对买房的夫妇要求收回房子。后双方协商不成诉讼至法院。

法院审理后认为，农村宅基地使用权归集体所有，只有本集体经济组织内的成员才可以申请取得宅基地使用权，本集体经济组织以外的人无权申请取得宅基地使用权。购买李大爷房屋的这对城里夫妇不是该村的集体经济组织成员，不能取得该村的宅基地使用权，因此，房屋买卖合同无效。

法条链接

《中华人民共和国土地管理法》第八条规定，农村和城市郊区的土地，除由法律规定属于国家所有的以外，属于农民集体所有；宅基地和自留地、自留山，属于农民集体所有。

《中华人民共和国土地管理法》第六十三条规定，农民集体所有的土地的使用权不得出让、转让或者出租用于非农业建设；但是，符合土地利用总体规划并依法取得建设用地的企业，因破产、兼并等情形致使土地使用权依法发生转移的除外。

三、征收补偿

1. 征地补偿的项目有哪些？

案例

2008年，由于村委会与一食品公司签订了土地征用协议，李某家的旱地5.06亩被征用，村委会只给李某家发放了2000元的土地补偿费。李某认为自家土地上种植有玉米等农作物，眼看就到收获的季节，应计入补偿的范围。村委会说土地补偿不包括地上附着物的补偿，于是不予理会。李某无奈向法院提起诉讼。

法院经审理后认为，征收耕地的补偿费用包括土地补偿费、安置补助费以及地上附着物和青苗的补偿费，李某的诉讼请求应予支持。法院判决村委会补足李某的安置补助费以及地上附着物的补偿费。

法条链接

《中华人民共和国土地管理法》第四十七条规定，征收土地的，按照被征收土地的原用途给予补偿。

征收耕地的补偿费用包括土地补偿费、安置补助费以及地上附着物和青苗的补偿费……

2. 征收土地的补偿费归谁所有？

案例

2012年，A省修建高速公路时，征收了B村第四村民小组赵某承包的2亩责任田，每亩土地补偿费为9000元。B村村民委员会和B村第四村民小组共付给赵某此项款额12000元，余款6000元则均分给第四村民小组其他的村民。赵某认为，土地补偿费是因为占用了自己的2亩责任田才产生的，自己今后将无法在这2亩责任田上获得收益，理应得到全额18000元的土地补偿费。但B村村民委员会和B村第四村民小组以民主讨论决定为由予以拒绝。赵某遂将B村村民委员会和B村第四村民小组告到法院，请求判令二被告支付剩余的土地补偿费6000元。

乡司法局在调解时认为，二被告通过民主议定程序将18000元土地的补偿费一部分发给赵某，一部分发给第四村民小组其他村民，符合法律规定的程序。原告赵某主张将已分给第四村民小组村民的土地补偿费收归其所有不符合法律规定。

法条链接

《中华人民共和国土地管理法实施条例》第二十六条规定，土地补偿费归农村集体经济组织所有；地上附着物及青苗补偿费归地上附着物及青苗的所有者所有。

征用土地的安置补助费必须专款专用，不得挪作他用。需要安置的人员由农村集体经济组织安置的，安置补助费支付给农村集体经济组织，由农村集体经济组织管理和使用；由其他单位安置的，安置补助费支付给安置单位；不需要统一安置的，安置补助费发放给被安置人员个人或者征得被安置人员同意后用于支付被安置人员的保险费用。

市、县和乡（镇）人民政府应当加强对安置补助费使用情况的监督。

《中华人民共和国土地管理法》第四十八条规定，征地补偿安置方案确定后，有关地方人民政府应当公告，并听取被征地的农村集体经济组织和农民的意见。

《中华人民共和国土地管理法》第四十九条规定，被征地的农村集体经济组织应当将征收土地的补偿费用的收支状况向本集体经济组织的成员公布，接受监督。

3. 挪用征地补偿费应负哪些法律责任？

案例

被告人王某，某村村委会主任。被告人李某，某村报账员。2009年6月至2010年6月，被告人王某为了帮助在某银行工作的朋友宋某完成揽储任务，利用担任村委会主任的便利，安排该村报账员李某采取多造预算的方式，从村委账上先后多次支出征地补偿费77万元（其中土地补偿费68万，安置补助费、地上附着物和青苗的补偿费9万元），存入宋某所工作的银行。

法院审理后认为，被告人王某、李某利用职务上的便利，挪用本村村委会资金68万元存入银行，帮助他人完成揽储任务，数额巨大，其行为已构成挪用资金罪。被告人王某、李某利用协助政府发放土地补偿款的职务上的便利，挪用公款共计9万元存入银行，帮助他人完成揽储任务，其行为已构成挪用公款罪。

法条链接

《中华人民共和国土地管理法》第七十九条规定，侵占、挪用被征收土地单位的征地补偿费用和其他有关费用，构成犯罪的，依法追究刑事责任；尚不构成犯罪的，依法给予行政处分。

《中华人民共和国刑法》第二百七十二条规定，公司、企业或者其他单位的工作人员，利用职务上的便利，挪用本单位资金归个人使用或者借贷给他人，数额较大、超过三个月未还的，或者虽未超过三个月，但数额较大、进行营利活动的，或者进行非法活动的，处三年以下有期徒刑或者拘役；挪用本单位资金数额巨大的，或者数额较大不退还的，处三年以上十年以下有期徒刑……

《中华人民共和国刑法》第三百八十四条规定，国家工作人员利用职务上的便利，挪用公款归个人使用，进行非法活动的，或者挪用公款数额较大、进行营利活动的，或者挪用公款数额较大、超过三个月未还的，是挪用公款罪，处五年以下有期徒刑或者拘役；情节严重的，处五年以上有期徒刑。挪用公款数额巨大不退还的，处十年以上有期徒刑或者无期徒刑……

四、农业生产

1. 买了假种子怎么办？

案例

孟某根据一本杂志上刊登的广告，买回了价值300多元的药材种子，按照资料上所讲的方法种植，可是收获后，发现种植的不是这种药材。孟某拿着剩下的种子去鉴定才知道是假种子。孟某该怎么办？

法条链接

《中华人民共和国广告法》第四条规定，广告不得含有虚假或者引人误解的内容，不得欺骗、误导消费者……

《中华人民共和国广告法》第五十六条第一款规定，违反本法规定，发布虚假广告，欺骗、误导消费者，使购买商品或者接受服务的消费者的合法权益受到损害的，由广告主依法承担民事责任。广告经营者、广告发布者不能提供广告主的真实名称、地址和有效联系方式的，消费者可以要求广告经营者、广告发布者先行赔偿。

《中华人民共和国种子法》第四十六条规定，种子使用者因种子质量问题或者因种子的标签和使用说明标注的内容不真实，遭受损失的，种子使用者可以向出售种子的经营者要求赔偿，也可以向种子生产者或者其他经营者要求赔偿。赔偿额包括购种价款、可得利益损失和其他损失。属于种子生产者或者其他经营者责任的，出售种子的经营者赔偿后，有权向种子生产者或者其他经营者追偿；属于出售种子的经营者责任的，种子生产者或者其他经营者赔偿后，有权向出售种子的经营者追偿。

《中华人民共和国种子法》第七十五条规定，违反本法第四十九条规定，生产经营假种子的，由县级以上人民政府农业、林业主管部门责令停止生产经营，没收违法所得和种子，吊销种子生产经营许可证；违法生产经营的货值金额不足一万元的，并处一万元以上十万元以下罚款；货值金额一万元以上的，并处货值金额十倍以上二十倍以下罚款。因生产经营假种子犯罪被判处有期徒刑以上刑罚的，种子企业或者其他单位的法定代表人、直接负责的主管人员自刑罚执行完毕之日起五年内不得担任种子企业的法定代表人、高级管理人员。

2. 如何正确使用农药？

案例

2013年9月，刘某在位于某村南边的生产地给自家的韭菜浇水时，将国家明令禁止使用的农药硫丹掺进水里浇灌自己种植的韭菜，后在韭菜成熟时卖给了到地头上收购韭菜的商贩，共2000多斤。同年11月，刘某的行为被市农业局执法人员查处，现场对当事人种植的韭菜及该韭菜地上的土壤进行了抽样送检，经有关安全检测公司检测，刘某种植的韭菜农药含量超标。农业部门遂将此案移交公安机关，后刘某被市检察院批准逮捕。

公诉机关认为，刘某在食用农产品种植过程中，使用禁用农药，依照《中华人民共和国农药管理条例》《中华人民共和国刑法》

和《最高人民法院、最高人民检察院关于办理危害食品安全刑事案件适用法律若干问题的解释》的规定，已构成生产有毒、有害食品罪，遂于2014年9月依法提起公诉。

法条链接

《中华人民共和国农药管理条例》第二十六条规定，使用农药应当遵守农药防毒规程，正确配药、施药，做好废弃物处理和安全防护工作，防止农药污染环境和农药中毒事故。

《中华人民共和国农药管理条例》第二十七条规定，使用农药应当遵守国家有关农药安全、合理使用的规定，按照规定的用药量、用药次数、用药方法和安全间隔期施药，防止污染农副产品。

剧毒、高毒农药不得用于防治卫生害虫，不得用于蔬菜、瓜果、茶叶和中草药材。

《中华人民共和国刑法》第一百四十四条规定，在生产、销售的食品中掺入有毒、有害的非食品原料的，或者销售明知掺有有毒、有害的非食品原料的食品的，处五年以下有期徒刑，并处罚金；对人体健康造成严重危害或者有其他严重情节的，处五年以上十年以下有期徒刑，并处罚金；致人死亡或者有其他特别严重情节的，依照本法第一百四十一条的规定处罚。

《最高人民法院、最高人民检察院关于办理危害食品安全刑事案件适用法律若干问题的解释》第九条规定，……在食用农产品种植、养殖、销售、运输、贮存等过程中，使用禁用农药、兽药等禁用物质或者其他有毒、有害物质的，适用前款的规定定罪处罚……

3. 发生肥料质量问题怎么办？

案例

2012年6月，熊某向蒋某购买了某牌复合肥10包、尿素20包，总计8990元。之后，熊某认为自己购买的化肥有质量问题，于是向县农业局投诉。经抽样检验，认定蒋某出售的某牌复合肥和尿素不合格。此后，双方因化肥质量问题产生了化肥款和赔偿纠纷。

法院经审理认为，蒋某销售的某牌复合肥和尿素确实存在质量问题。经法院调解，蒋某偿还熊某支付的全部化肥款，并赔偿熊某因使用此化肥导致的减产损失25980元。

法条链接

《中华人民共和国产品质量法》第四十条规定，售出的产品有下列情形之一的，销售者应当负责修理、更换、退货；给购买产品的消费者造成损失的，销售者应当赔偿损失：（一）不具备产品应当具备的使用性能而事先未作说明的；（二）不符合在产品或者其包装上注明采用的产品标准的；（三）不符合以产品说明、实物样品等方式表明的质量状况的。

销售者依照前款规定负责修理、更换、退货、赔偿损失后，属于生产者的责任或者属于向销售者提供产品的其他销售者（以下简称供货者）的责任的，销售者有权向生产者、供货者追偿。

销售者未按照第一款规定给予修理、更换、退货或者赔偿损失的，由产品质量监督部门或者工商行政管理部门责令改正。

生产者之间，销售者之间，生产者与销售者之间订立的买卖合同、承揽合同有不同约定的，合同当事人按照合同约定执行。

4. 砍伐自己栽种的林木是否违法?

案例

几年前，刘某在某地承包了护城河，后来经过施工将这片承包地改造成为鱼塘，还在鱼塘边上种上了杨树，美化环境，净化空气。2011年，该地发生洪涝灾害，大水将很多杨树都给泡了，之后，树木的生长情况并不好。2012年开春时，树木刚发完芽就开始发黄，眼看树木就要枯萎，刘某就想趁树还没有彻底枯萎前卖了，还能值点钱。刘某认为该片土地是自己承包的，树也是自己种的，自己当然有权伐树。于是，刘某就将杨树砍伐后卖了。

2013年4月，接到当地村民举报后，市森林公安局对此事展开侦查。当森林公安人员找到刘某时，他一头雾水。警方告知他，他擅自砍伐树木，已经触犯了法律。刘某这才恍然大悟，原来自己种的树也不能随便砍伐。

法院认为，被告人刘某滥伐林木，砍伐树木数量较大，其行为已构成滥伐林木罪，应予惩处。鉴于被告人系初犯，自愿认罪，主动接受财产刑处罚，有悔罪表现，依法可从轻处罚并适用缓刑。依照《中华人民共和国刑法》，判处刘某有期徒刑一年，缓刑一年，并处罚金人民币五千元。

法条链接

《中华人民共和国森林法》第三十二条规定，采伐林木必须申请采伐许可证，按许可证的规定进行采伐；农村居民采伐自留地和房前屋后个人所有的零星林木除外……

……农村居民采伐自留山和个人承包集体的林木，由县级林业主管部门或者其委托的乡、镇人民政府依照有关规定审核发放采伐许可证。

《中华人民共和国森林法》第三十九条规定，盗伐森林或者其他林木的，依法赔偿损失；由林业主管部门责令补种盗伐株数十倍的树木，没收盗伐的林木或者变卖所得，并处盗伐林木价值三倍以上十倍以下的罚款。

滥伐森林或者其他林木，由林业主管部门责令补种滥伐株数五倍的树木，并处滥伐林木价值二倍以上五倍以下的罚款。

拒不补种树木或者补种不符合国家有关规定的，由林业主管部门代为补种，所需费用由违法者支付。

盗伐、滥伐森林或者其他林木，构成犯罪的，依法追究刑事责任。

《中华人民共和国刑法》第三百四十五条规定，违反森林法的规定，滥伐森林或者其他林木，数量较大的，处三年以下有期徒刑、拘役或者管制，并处或者单处罚金；数量巨大的，处三年以上七年以下有期徒刑，并处罚金……

5. 如何设立农民专业合作社？

案例

农民李大、李二、李三、李四、李五、李六想共同出资设立一个农民专业合作社，其中李大有一家农产品销售专卖店，管理经营良好，欲以其出色的管理才能作价出资；李二虽没有财产，但有一张信用卡，银行也出具了信用良好的记录，欲以其信用出资；李三以货币出资；李四在养兔期间有个养兔专业技术，已经向国家申请了专利，有专利证书，欲以其专利技术作价出资；李五欲以其在合作社干活的工资来出资；李六欲以其手上的一张10万元的欠据出资。

在办理农业合作社等级手续时，工商行政管理部门告知：根据《农民专业合作社登记管理条例》的规定，农民专业合作社成员可以用货币出资，也可以用实物、知识产权等能够用货币估价并可以依法转让的非货币财产作价出资。成员不得以劳务、信用、自然人姓名、商誉、特许经营权或者设定担保等作价出资。除了李三用货币出资、李四用其专利技术出资合法外，其他都不符合法律规定。

法条链接

《中华人民共和国农民专业合作社法》第十条规定，设立农民专业合作社，应当具备下列条件：

（一）有五名以上符合本法第十四条、第十五条规定的成员；

（二）有符合本法规定的章程；

（三）有符合本法规定的组织机构；

（四）有符合法律、行政法规规定的名称和章程确定的住所；

（五）有符合章程规定的成员出资。

《中华人民共和国农民专业合作社法》第十三条规定，设立农民专业合作社，应当向工商行政管理部门提交下列文件，申请设立登记：

（一）登记申请书；

（二）全体设立人签名、盖章的设立大会纪要；

（三）全体设立人签名、盖章的章程；

（四）法定代表人、理事的任职文件及身份证明；

（五）出资成员签名、盖章的出资清单；

（六）住所使用证明；

（七）法律、行政法规规定的其他文件。

登记机关应当自受理登记申请之日起二十日内办理完毕，向符合登记条件的申请者颁发营业执照。

农民专业合作社法定登记事项变更的，应当申请变更登记。

农民专业合作社登记办法由国务院规定。办理登记不得收取费用。

《农民专业合作社登记管理条例》第八条规定，农民专业合作社成员可以用货币出资，也可以用实物、知识产权等能够用货币估价并可以依法转让的非货币财产作价出资。成员以非货币财产出资的，由全体成员评估作价。成员不得以劳务、信用、自然人姓名、商誉、特许经营权或者设定担保的财产等作价出资。

成员的出资额以及出资总额应当以人民币表示。成员出资额之和为成员出资总额。

第三部分

社会治安管理

【导读】

涉枪、涉毒、涉赌

盗抢

聚众扰乱社会秩序

食品药品安全

当前，农村社会治安大局基本平稳，为老百姓安定团结的生活和社会经济的平稳发展奠定了良好的基础。但是，农村社会治安仍然存在一些不容忽视的问题。例如，农村盗抢案件数量上升，涉毒、涉赌、涉枪案件日益增加，聚众斗殴和扰乱社会秩序案件、交通肇事案件、故意伤害和损害案件频发，降低了老百姓的安全感，阻碍了农村社会经济的发展。对于这些社会治安管理与犯罪问题，除了应引起各级党委、政府的高度重视和公安机关的密切关注外，老百姓也应该学习和了解相关的法律法规，自觉抵制各种违法犯罪行为。

一、涉枪、涉毒、涉赌

1. 祖传一支火药枪，闲时拿来打打鸟，这也犯法？

案例

2014年4月28日下午，朱某某持自制枪支在某镇某村某村民小组打鸟时被公安民警查获。法院经审理后认为，朱某某所持有的枪支及有关弹药是其祖辈遗留下来的，其行为不构成非法制造枪支罪。但是，朱某某违反枪支管理规定，非法持有枪支，其行为已构成非法持有枪支罪。朱某某如实供述自己的罪行，是坦白，依法可从轻处罚。最后，法院判决被告人朱某某犯非法持有枪支罪，判处有期徒刑一年六个月。

法条链接

《中华人民共和国刑法》第一百二十五条规定，非法制造、买卖、运输、邮寄、储存枪支、弹药、爆炸物的，处三年以上十年以下有期徒刑；情节严重的，处十年以上有期徒刑、无期徒刑或者死刑。

非法制造、买卖、运输、储存毒害性、放射性、传染病病原体等物质，危害公共安全的，依照前款的规定处罚。

单位犯前两款罪的，对单位判处罚金，并对其直接负责的主管人员和其他直接责任人员，依照第一款的规定处罚。

《中华人民共和国刑法》第一百二十八条规定，违反枪支管理规定，非法持有、私藏枪支、弹药的，处三年以下有期徒刑、拘役或者管制；情节严重的，处三年以上七年以下有期徒刑……

《中华人民共和国刑法》第六十七条规定，犯罪以后自动投案，如实供述自己的罪行的，是自首。对于自首的犯罪分子，可以从轻或者减轻处罚。其中，犯罪较轻的，可以免除处罚。

被采取强制措施的犯罪嫌疑人、被告人和正在服刑的罪犯，如实供述司法机关还未掌握的本人其他罪行的，以自首论。

犯罪嫌疑人虽不具有前两款规定的自首情节，但是如实供述自己罪行的，可以从轻处罚；因其如实供述自己罪行，避免特别严重后果发生的，可以减轻处罚。

2. 才买卖 1 克多毒品，仅得 200 元，也被抓判刑？

案例

2014年11月25日下午，被告人罗某以人民币200元的价格出售了1.16克甲基苯胺（冰毒）给周某，后被公安机关逮捕。

法院经审理后认为，被告人罗某违反国家对毒品的管理制度，非法贩卖毒品，其行为已构成贩卖毒品罪。罗某曾因犯贩卖毒品罪被判处有期徒刑，刑罚执行完毕后，在五年以内再犯贩卖毒品罪，且应当判处有期徒刑以上刑罚，是累犯同时又是毒品再犯，依法应当从重处罚。罗某如实供述犯罪事实，当庭认罪，属坦白，依法可从轻处罚。据此，被告人罗某犯贩卖毒品罪，判处有期徒刑一年四个月，并处罚金人民币三千元。

法条链接

《中华人民共和国刑法》第三百四十七条规定，走私、贩卖、运输、制造毒品，无论数量多少，都应当追究刑事责任，予以刑事处罚。

走私、贩卖、运输、制造毒品，有下列情形之一的，处十五年有期徒刑、无期徒刑或者死刑，并处没收财产：（一）走私、贩卖、运输、制造鸦片一千克以上、海洛因或者甲基苯丙胺五十克以上或者其他毒品数量大的；（二）走私、贩卖、运输、制造毒品集团的首要分子；（三）武装掩护走私、贩卖、运输、制造毒品的；（四）以暴力抗拒检查、拘留、逮捕，情节严重的；（五）参与有组织的国际贩毒活动的。

走私、贩卖、运输、制造鸦片二百克以上不满一千克、海洛因或者甲基苯丙胺十克以上不满五十克或者其他毒品数量较大的，处七年以上有期徒刑，并处罚金。

走私、贩卖、运输、制造鸦片不满二百克、海洛因或者甲基苯丙胺不满十克或者其他少量毒品的，处三年以下有期徒刑、拘役或者管制，并处罚金；情节严重的，处三年以上七年以下有期徒刑，并处罚金。

单位犯第二款、第三款、第四款罪的，对单位判处罚金，并对其直接负责的主管人员和其他直接责任人员，依照各该款的规定处罚。

利用、教唆未成年人走私、贩卖、运输、制造毒品，或者向未成年人出售毒品的，从重处罚。

对多次走私、贩卖、运输、制造毒品，未经处理的，毒品数量累计计算。

3. 为娱乐动漫城的老板打工，在该动漫城协助经营，负责具有赌博功能的电子游戏机的机币兑换、收银等工作，也构成赌博罪吗？

案例

被告人周某某、刘某受他人雇佣，分别于2013年7月份、9月份到某镇某动漫城工作，协助他人经营具有赌博功能的电子游戏机，负责机币兑换、进退分数、收银等工作。2013年10月16日16时许，公安机关在该动漫城抓获周某某和刘某，并依法扣押收缴供人赌博的电子游戏机112台及赌资人民币3850元。

法院经审理后认为，被告人周某某、刘某在赌博游戏机场所内从事日常管理、机币兑换、进退分数、收银等工作，情节严重，其两人的行为已构成开设赌场罪。周某某、刘某明知他人利用赌博机开设赌场，仍提供直接帮助，是共同犯罪。在开设赌场的共同犯罪中，被告人周某某、刘某起次要作用，是从犯，依法应减轻处罚。周某某、刘某归案后如实供述自己的罪行，属坦白，依法可从轻处罚。被告人周某某和刘某均犯开设赌场罪，判处有期徒刑八个月，并处罚金人民币三千元。

法条链接

《中华人民共和国刑法》第三百零三条规定，以营利为目的，聚众赌博或者以赌博为业的，处三年以下有期徒刑、拘役或者管制，并处罚金。开设赌场的，处三年以下有期徒刑、拘役或者管制，并处罚金；情节严重的，处三年以上十年以下有期徒刑，并处罚金。

《中华人民共和国刑法》第二十七条规定，在共同犯罪中起次要或者辅助作用的，是从犯。对于从犯，应当从轻、减轻处罚或者免除处罚。

4. 开设赌摊，聚众赌博，赚了几千元，构成赌博罪吗？

案例

2014年3月至4月14日间，被告人谢某某、严某某经商量后，伙同李某某等人以每股人民币5000元的形式筹集赌资，在某镇某村开设赌摊，聚众赌博。其间，谢某某、严某某、李某某各分得赢利人民币2000元。2014年4月14日，公安民警查获该赌摊，缴获赌资50534元（该赌资已由公安机关没收上缴国库）。

法院经审理后认为，被告人谢某某、严某某、李某某以营利为目的，聚众赌博，其三人的行为已构成赌博罪。被告人谢某某、严某某、李某某共同故意实施犯罪，是共同犯罪。谢某某、严某某、李某某归案后如实供述自己的罪行且当庭认罪，属坦白，依法可以从轻处罚。据此，三人均被判处有期徒刑六个月，并处罚金人民币三千元；另外，三人各违法所得的赃款人民币二千元予以追缴没收，上缴国库。

法条链接

《中华人民共和国刑法》第三百零三条规定，以营利为目的，聚众赌博或者以赌博为业的，处三年以下有期徒刑、拘役或者管制，并处罚金。开设赌场的，处三年以下有期徒刑、拘役或者管制，并处罚金；情节严重的，处三年以上十年以下有期徒刑，并处罚金。

《中华人民共和国刑法》第二十五条规定，共同犯罪是指二人以上共同故意犯罪。二人以上共同过失犯罪，不以共同犯罪论处；应当负刑事责任的，按照他们所犯的罪分别处罚。

《中华人民共和国刑法》第六十四条规定，犯罪分子违法所得的一切财物，应当予以追缴或者责令退赔；对被害人的合法财产，应当及时返还；违禁品和供犯罪所用的本人财物，应当予以没收。没收的财物和罚金，一律上缴国库，不得挪用和自行处理。

二、盗抢

1. 仅仅偷了 315 元，就被判刑八个月，符合法律规定吗？

案例

2015年5月22日12时许，被告人黄某某在汽车站停车场内，扒窃了秦某某人民币315元，后被公安民警抓获。破案后，公安机关依法扣押该人民币315元并将其归还秦某某。另查明，被告人黄某某曾因犯盗窃罪，分别于2012年4月17日被判处有期徒刑六个月、2012年12月10日被判处拘役五个月、2013年10月18日被判处有期徒刑十个月，均已服刑完毕。

法院经审理后认为，被告人黄某某以非法占有为目的，在公共场所扒窃他人财物，其行为已构成盗窃罪。黄某某曾因故意犯罪被判处有期徒刑以上刑罚，刑罚执行完毕后，在五年内再犯应当判处有期徒刑以上刑罚之罪，是累犯，应当从重处罚。最后判处黄某某有期徒刑八个月，并处罚金人民币一千元。

法条链接

《中华人民共和国刑法》第二百六十四条规定，盗窃公私财物，数额较大的，或者多次盗窃、入户盗窃、携带凶器盗窃、扒窃的，处三年以下有期徒刑、拘役或者管制，并处或者单处罚金；数额巨大或者有其他严重情节的，处三年以上十年以下有期徒刑，并处罚金；数额特别巨大或者有其他特别严重情节的，处十年以上有期徒刑或者无期徒刑，并处罚金或者没收财产。

2. 盗窃他人种植的速生桉，构成盗伐林木罪，依法应受到严惩。

案例

2013年11月26至28日，被告人黄某伙同他人到某镇某村盗砍谢某某种植的速生桉树。经鉴定，被盗伐林木面积0.64公顷，蓄积32立方米，出材23.5立方米。另查明，黄某因犯贩卖毒品罪于2010年1月11日被判处有期徒刑一年六个月，于2011年6月10日刑满释放。

法院经审理认为，被告人黄某伙同他人以非法占有为目的，违反国家森林法规，盗伐林木，数量巨大，其行为已构成盗伐林木罪。黄某曾因故意犯罪被判处有期徒刑以上刑罚，刑罚执行完毕后，在五年以内再犯应当判处有期徒刑以上刑罚之罪，是累犯，应当从重处罚。据此，判处黄某有期徒刑三年六个月，并处罚金人民币一万元。

法条链接

《中华人民共和国刑法》第三百四十五条规定，盗伐森林或者其他林木，数量较大的，处三年以下有期徒刑、拘役或者管制，并处或者单处罚金；数量巨大的，处三年以上七年以下有期徒刑，并处罚金；数量特别巨大的，处七年以上有期徒刑，并处罚金……

《中华人民共和国刑法》第六十五条规定，被判处有期徒刑以上刑罚的犯罪分子，刑罚执行完毕或者赦免以后，在五年以内再犯应当判处有期徒刑以上刑罚之罪的，是累犯，应当从重处罚，但是过失犯罪和不满十八周岁的人犯罪除外……

3.陈某某盗窃秦某某电单车过程中被发现，陈某某和秦某某发生打斗并致使秦某某轻伤，是盗窃罪还是抢劫罪？

案例

2014年5月29日9时，被告人陈某某在某镇某路口处盗窃秦某某的价值人民币400元的三轮车时，被秦某某发现并抓住，后陈某某与秦某某扭打，陈某某挣脱逃跑，造成秦某某轻微受伤。2014年6月1日8时许，陈某某在某镇某路盗窃了黄某某的价值2450元的电动车。后陈某某被公安机关抓获。

法院经审理后认为，被告人陈某某以非法占有为目的，采取秘密手段窃取他人财物，且为抗拒抓捕当场使用暴力，应当以抢劫罪追究刑事责任；又秘密窃取他人财物，数额较大，应当以盗窃罪追究其刑事责任。被告人陈某某犯抢劫罪，判处有期徒刑三年二个月，并处罚金人民币三千元；犯盗窃罪，判处有期徒刑七个月，并处罚金人民币二千元。数罪并罚，决定执行有期徒刑三年九个月，并处罚金人民币五千元。

法条链接

《中华人民共和国刑法》第二百六十三条规定，以暴力、胁迫或者其他方法抢劫公私财物的，处三年以上十年以下有期徒刑，并处罚金；有下列情形之一的，处十年以上有期徒刑、无期徒刑或者死刑，并处罚金或者没收财产：

（一）入户抢劫的；

（二）在公共交通工具上抢劫的；

（三）抢劫银行或者其他金融机构的；

（四）多次抢劫或者抢劫数额巨大的；

（五）抢劫致人重伤、死亡的；

（六）冒充军警人员抢劫的；

（七）持枪抢劫的；

（八）抢劫军用物资或者抢险、救灾、救济物资的。

《最高人民法院最高人民检察院关于办理盗窃刑事案件适用法律若干问题的解释》第一条规定，盗窃公私财物价值一千元至三千元以上、三万元至十万元以上、三十万元至五十万元以上的，应当分别认定为刑法第二百六十四条规定的“数额较大”、“数额巨大”、“数额特别巨大”。

各省、自治区、直辖市高级人民法院、人民检察院可以根据本地区经济发展状况，并考虑社会治安状况，在前款规定的数额幅度内，确定本地区执行的具体数额标准，报最高人民法院、最高人民检察院批准。

在跨地区运行的公共交通工具上盗窃，盗窃地点无法查证的，盗窃数额是否达到“数额较大”、“数额巨大”、“数额特别巨大”，应当根据受理案件所在地省、自治区、直辖市高级人民法院、人民检察院确定的有关数额标准认定。

盗窃毒品等违禁品，应当按照盗窃罪处理的，根据情节轻重量刑。

《中华人民共和国刑法》第二百六十九条规定，犯盗窃、诈骗、抢夺罪，为窝藏赃物、抗拒抓捕或者毁灭罪证而当场使用暴力或者以暴力相威胁的，依照本法第二百六十三条的规定定罪处罚。

4. 飞车抢夺他人金项链，构成抢劫罪还是抢夺罪？

案例

刘某，30岁，无正当职业。刘某曾于2007年、2012年、2014年三度入狱。2016年1月5日，贼心不死的刘某与同案在逃人员阿四一拍即合，驾驶一辆两轮摩托车在某镇某路窥见佩戴金项链的受害人卢某独自走在路上，随即加速飞车冲到其身边，趁卢某不备伸手抢夺项链。不料欲逃跑时摩托车摔倒，刘某被群众当场抓获，阿四趁乱逃离，所抢价值27000元的金项链掉在地上被卢某捡回。

法院经审理后认为，刘某以非法占有为目的，伙同他人驾驶机动车公然夺取公民数额较大的财物，情节严重，其行为已构成抢夺罪。而刘某曾因犯寻衅滋事罪、抢夺罪被判处有期徒刑，是累犯，应当从重处罚。据此，判处刘某有期徒刑四年，并处罚金人民币五千元。

法条链接

《中华人民共和国刑法》第二百六十三条规定，以暴力、胁迫或者其他方法抢劫公私财物的，处三年以上十年以下有期徒刑，并处罚金；有下列情形之一的，处十年以上有期徒刑、无期徒刑或者死刑，并处罚金或者没收财产：

（一）入户抢劫的；

（二）在公共交通工具上抢劫的；

（三）抢劫银行或者其他金融机构的；

（四）多次抢劫或者抢劫数额巨大的；

（五）抢劫致人重伤、死亡的；

（六）冒充军警人员抢劫的；

（七）持枪抢劫的；

（八）抢劫军用物资或者抢险、救灾、救济物资的。

《中华人民共和国刑法》第二百六十七条规定，抢夺公私财物，数额较大的，或者多次抢夺的，处三年以下有期徒刑、拘役或者管制，并处或者单处罚金；数额巨大或者有其他严重情节的，处三年以上十年以下有期徒刑，并处罚金；数额特别巨大或者其他特别严重情节的，处十年以上有期徒刑或者无期徒刑，并处罚金或者没收财产。

携带凶器抢夺的，依照本法第二百六十三条的规定定罪处罚。

三、聚众扰乱社会秩序

1. 采用缠访、闹访等非正常方式维权，合不合法？

案例

被告人梁某某因对公安局依法查办的个别案件不满，于2015年11月2日至2016年5月14日间，纠集被告人刘某某等人先后多次组织大量人员在某镇人民政府、某省人民政府、北京市某地非正常上访，严重扰乱了各级政府部门的工作秩序，致使某镇人民政府为此支出人民币291361.4元。

法院经审理后认为，被告人梁某某、刘某某聚众扰乱社会秩序，情节严重，致使国家机关的工作无法进行，造成严重损失，其行为已构成聚众扰乱社会秩序罪。梁某某、刘某某共同故意实施犯罪，是共同犯罪。在聚众扰乱社会秩序共同犯罪中，梁某某是首要分子，刘某某是积极参加者。据此，被告人梁某某、刘某某犯聚众扰乱社会秩序罪，分别被判处有期徒刑四年和二年十个月。

法条链接

《中华人民共和国刑法》第二百九十条规定，聚众扰乱社会秩序，情节严重，致使工作、生产、营业和教学、科研、医疗无法进行，造成严重损失的，对首要分子，处三年以上七年以下有期徒刑；对其他积极参加的，处三年以下有期徒刑、拘役、管制或者剥夺政治权利。

聚众冲击国家机关，致使国家机关工作无法进行，造成严重损失的，对首要分子，处五年以上十年以下有期徒刑；对其他积极参加的，处五年以下有期徒刑、拘役、管制或者剥夺政治权利……

2. 小闹小解决、大闹大解决，“医闹”就解决？

案例

2016年9月24日16时许，被告人熊某才的女儿熊某玲因患病被急送到某卫生院救治，经医护人员抢救无效死亡。熊某才以熊某玲的死亡系医院的责任为名，纠集、组织被告人熊某某、熊某甲、熊某乙、熊某丙、刘某某、黄某某、熊某丁、熊某戊、刘某武等人到医院持续哄闹，并在医院内张贴标语、关锁医院大门、把棺材放置在医院大门通道上阻碍他人进出、烧香纸及放鞭炮，并打砸医院财物，拉扯、辱骂医护人员，致使医院的正常生活、工作无法进行，给国家和社会造成严重损失。

法院经审理后认为，被告人熊某才、熊某某、熊某甲、熊某乙、熊某丙、刘某某、黄某某、熊某丁、熊某戊、刘某武伙同他人聚众扰乱医院正常生活秩序，情节严重，致使医院的工作无法进行，造成严重损失，其行为已构成聚众扰乱社会秩序罪。据此，被告人熊某才判处有期徒刑三年六个月；熊某某判处有期徒刑一年二个月；熊某甲判处有期徒刑一年二个月；熊某乙、熊某丙、刘某某、黄某某、熊某丁、熊某戊、刘某武等各判处有期徒刑一年，缓刑二年。

法条链接

《中华人民共和国刑法》第二百九十条规定，聚众扰乱社会秩序，情节严重，致使工作、生产、营业和教学、科研、医疗无法进行，造成严重损失的，对首要分子，处三年以上七年以下有期徒刑；对其他积极参加的，处三年以下有期徒刑、拘役、管制或者剥夺政治权利。

聚众冲击国家机关，致使国家机关工作无法进行，造成严重损失的，对首要分子，处五年以上十年以下有期徒刑；对其他积极参加的，处五年以下有期徒刑、拘役、管制或者剥夺政治权利。

多次扰乱国家机关工作秩序，经行政处罚后仍不改正，造成严重后果的，处三年以下有期徒刑、拘役或者管制。

多次组织、资助他人非法聚集，扰乱社会秩序，情节严重的，依照前款的规定处罚。

3. 为发泄情绪、报复他人，故意持械损毁他人财物，构成什么罪？

案例

2013年12月3日1时许，被告人李某甲与刘某某（另案处理）等人经商量后，欲找陈某某解决刘某某与陈某某的土地纠纷问题，当他们到某镇某路时，被陈某某一方的人追赶殴打而逃离现场。后李某甲为泄愤报复，纠集被告人李某乙、李某丙等人，持猎枪、刀等工具返回某路，对停放在该路上的小车开枪射击，造成被害人陈某某、刘某某的小车及一个LED自控路灯毁坏。

法院经审理后认为，被告人李某甲、李某乙、李某丙伙同他人为发泄情绪，持械任意损毁他人财物，情节严重，其行为已构成寻衅滋事罪。据此，被告人李某甲、李某乙、李某丙犯寻衅滋事罪，分别判处有期徒刑二年九个月、二年七个月和一年六个月。

法条链接

《中华人民共和国刑法》第二百九十三条规定，有下列寻衅滋事行为之一，破坏社会秩序的，处五年以下有期徒刑、拘役或者管制：（一）随意殴打他人，情节恶劣的；（二）追逐、拦截、辱骂、恐吓他人，情节恶劣的；（三）强拿硬要或者任意损毁、占用公私财物，情节严重的；（四）在公共场所起哄闹事，造成公共场所秩序严重混乱的。

纠集他人多次实施前款行为，严重破坏社会秩序的，处五年以上十年以下有期徒刑，可以并处罚金。

4. 因坟山、宅基地等引发宗族矛盾，能不能只讲宗族义气不讲法律？

案例

某镇某村黄某某于2012年4月份将其大伯遗骨移葬至自家山岭上。但该山岭上一直安葬着某队的张姓坟山，张姓坟山安葬年代久远，因为黄某某大伯新建的坟山正好坐落在张姓坟山的主坟与后土之间，与主坟相距8.1米（坟珠与坟珠距离），引发了纠纷。张姓群众2015年清明节发觉后，于当天早上将黄某某伯父的坟铲平。黄姓群众知道后，情绪激动，矛盾一触即发，极有可能要引发群体斗殴事件。某镇司法所工作人员得知消息后，马上赶到现场，经过工作人员耐心解释，双方均同意保持现状，等待司法所处理。后经过司法所工作人员多天耐心细致地调解，宣讲相关法律法规，最终纠纷得以解决。

法条链接

《中华人民共和国刑法》第二百九十二条规定，聚众斗殴的，对首要分子和其他积极参加的，处三年以下有期徒刑、拘役或者管制；有下列情形之一的，对首要分子和其他积极参加的，处三年以上十年以下有期徒刑：

（一）多次聚众斗殴的；（二）聚众斗殴人数多，规模大，社会影响恶劣的；（三）在公共场所或者交通要道聚众斗殴，造成社会秩序严重混乱的；（四）持械聚众斗殴的。

聚众斗殴，致人重伤、死亡的，依照本法第二百三十四条、第二百三十二条的规定定罪处罚。

四、食品药品安全

1. 收购、加工、销售病死猪肉构成生产、销售不符合安全标准的食品罪吗？

案例

2013年10月至2014年6月间，被告人苏某甲、苏某乙共同商定，将死因不明且未经动物卫生监督机构检疫的病死猪进行屠宰、分解等加工并销售。被告人周某某在明知是病死猪的情况下，多次收购苏某甲、苏某乙加工的猪肉产品并转卖给他人。2014年6月4日，公安机关与动物疫病预防控制部门对屠宰点进行查封，当场抓获苏某甲、苏某乙，并查获病死猪产品约927公斤。

法院经审理后认为，被告人苏某甲、苏某乙、周某某违反食品卫生管理法规规定，生产、销售不符合安全标准的食品，足以造成严重食物中毒事故或者其他严重食源性疾病，其行为已构成生产、销售不符合安全标准的食品罪。据此，判处被告人苏某甲、苏某乙、周某某三人拘役五个月，并处罚金人民币二千元。

法条链接

《中华人民共和国刑法》第一百四十三条规定，生产、销售不符合食品安全标准的食品，足以造成严重食物中毒事故或者其他严重食源性疾病的，处三年以下有期徒刑或者拘役，并处罚金；对人体健康造成严重危害或者有其他严重情节的，处三年以上七年以下有期徒刑，并处罚金；后果特别严重的，处七年以上有期徒刑或者无期徒刑，并处罚金或者没收财产。

2. 生产、贩卖假药，人命关天，罪不容赦。

案例

廖某某开设保健品经营部。2012年10月至2013年4月期间，廖某某购买了一批假冒的“乙肝灵胶囊”“芦荟排毒养颜胶囊”等54种药品，在其经营部销售，已销售假“乙肝灵胶囊”5盒、假“芦荟排毒养颜胶囊”2盒给他人。2013年4月17日，公安机关对廖某某经营的保健品经营部及其存放药品的仓库进行了查处，当场扣押了54种假药共2096盒。法院经审理认为，廖某某故意购买并销售假冒的“乙肝灵胶囊”“芦荟排毒养颜胶囊”等药品，构成了生产、销售假药罪，依法应予以严惩。

法条链接

《中华人民共和国刑法》第一百四十一条规定，生产、销售假药的，处三年以下有期徒刑或者拘役，并处罚金；对人体健康造成严重危害或者有其他严重情节的，处三年以上十年以下有期徒刑，并处罚金；致人死亡或者有其他特别严重情节的，处十年以上有期徒刑、无期徒刑或者死刑，并处罚金或者没收财产。

本条所称假药，是指依照《中华人民共和国药品管理法》的规定属于假药和按假药处理的药品、非药品。

第四部分

人身侵害

【导读】

性侵

交通

工伤

医患纠纷

人身权利包括人格权和身份权，人身侵害既包括身体上受到的不法侵害，也包括人格方面诸如名誉、荣誉、隐私、人身自由等民事权利受到的侵害。常见的人身权利损害主要包括违法犯罪行为直接对人体的侵害，还包括交通事故、工伤事故或者医疗事故等方面的侵害。

一、性侵

1. 与未满 14 周岁少女发生性关系是否属于强奸?

案例

2014年1月，被告人陈某在安县打工时通过QQ聊天认识了杨某，并很快确立了恋爱关系。在聊天中杨某告诉陈某自己生于2001年12月，还是个初中生，但陈某并没在意。在与杨某认识一个多月后，陈某便带着杨某回到了自己的家中居住，先后多次和杨某发生性关系。杨某的父母发现后立即报案。在案件审理过程中陈某一直声称与杨某发生性关系是杨某自愿的，自己并没有强迫她。法院经审理依法判决陈某强奸罪，判处有期徒刑十年。

法条链接

《中华人民共和国刑法》第二百三十六条规定，以暴力、胁迫或者其他手段强奸妇女的，处三年以上十年以下有期徒刑。

奸淫不满十四周岁的幼女的，以强奸论，从重处罚。

强奸妇女、奸淫幼女，有下列情形之一的，处十年以上有期徒刑、无期徒刑或者死刑：（一）强奸妇女、奸淫幼女情节恶劣的；（二）强奸妇女、奸淫幼女多人的；（三）在公共场所当众强奸妇女的；（四）二人以上轮奸的；（五）致使被害人重伤、死亡或者造成其他严重后果的。

《最高人民法院、最高人民检察院、公安部、司法部关于依法惩治性侵害未成年人犯罪的意见》规定，知道或者应当知道对方是不满十四周岁的幼女，而实施奸淫等性侵害行为的，应当认定行为人“明知”对方是幼女。

对于不满十二周岁的被害人实施奸淫等性侵害行为的，应当认定行为人“明知”对方是幼女。

对于已满十二周岁不满十四周岁的被害人，从其身体发育状况、言谈举止、衣着特征、生活作息规律等观察可能是幼女，而实施奸淫等性侵害行为的，应当认定行为人“明知”对方是幼女。

以金钱财物等方式引诱幼女与自己发生性关系的；知道或者应当知道幼女被他人强迫卖淫而仍与其发生性关系的，均以强奸罪论处。

2. 什么是性骚扰?

案例

周某是某校的校长，因本校刚来的女老师李某年轻漂亮，就经常发送大量的黄色短信给李某。李某生活受到严重干扰，不得已将周某告上法庭，要求其停止侵害，赔偿精神损失费3000元。法院根据李某提供的相关证据，认定周某的行为构成性骚扰，给被害人李某造成了伤害，判定周某停止侵害，并赔偿李某精神损失费3000元。

法条链接

《中华人民共和国妇女权益保障法》第四十条规定，禁止对妇女实施性骚扰。受害妇女有权向单位和有关机关投诉。

《中华人民共和国妇女权益保障法》第五十八条规定，违反本法规定，对妇女实施性骚扰或者家庭暴力，构成违反治安管理行为的，受害人可以提请公安机关对违法行为人依法给予行政处罚，也可以依法向人民法院提起民事诉讼。

3. 反抗强奸过程中致人死亡，是否需要承担法律责任？

案例

某日夜晚，女青年小梅下夜班回家，走到离家不远的一个窄巷口时，突然蹿出一名男青年，从背后勒住其脖子将其拖至巷中意欲强奸。小梅奋力反抗但终因力量悬殊被摁倒在地。在慌乱中小梅的一只手摸到一块石头，即顺势抓起石头砸向男青年。瞬间小梅感觉身上一轻，男青年倒向一旁，小梅趁机逃离巷子并立即报警。警察到达现场发现男青年头部受重创已死亡。警察经过侦查，认为小梅的反抗强奸致男青年死亡的行为符合无限防卫权的规定，属于正当防卫，不属于刑事犯罪，无须负刑事责任。

法条链接

《中华人民共和国刑法》第二十条规定，为了使国家、公共利益、本人或者他人的人身、财产和其他权利免受正在进行的不法侵害，而采取的制止不法侵害的行为，对不法侵害人造成损害的，属于正当防卫，不负刑事责任。

正当防卫明显超过必要限度造成重大损害的，应当负刑事责任，但是应当减轻或者免除处罚。

对正在进行行凶、杀人、抢劫、强奸、绑架以及其他严重危及人身安全的暴力犯罪，采取防卫行为，造成不法侵害人伤亡的，不属于防卫过当，不负刑事责任。

《中华人民共和国民法通则》第一百二十八条规定，因正当防卫造成损害的，不承担民事责任。正当防卫超过必要的限度，造成不应有的损害的，应当承担适当的民事责任。

4. 强奸罪是否也可以罪至死刑？

案例

被告人吕某，2008年到2010年期间，共实施强奸作案13起，其中既遂9起、未遂3起、中止1起，其中5人为不满14周岁的幼女，并致1人重伤。法院经审理后认为，吕某罪行特别严重，不足以对其从轻处罚，依法认定被告人吕某犯强奸罪，判处死刑，剥夺政治权利终身；经最高人民法院复核核准，罪犯吕某被依法执行死刑。

法条链接

《中华人民共和国刑法》第二百三十六条规定，以暴力、胁迫或者其他手段强奸妇女的，处三年以上十年以下有期徒刑。

奸淫不满十四周岁的幼女的，以强奸论，从重处罚。

强奸妇女、奸淫幼女，有下列情形之一的，处十年以上有期徒刑、无期徒刑或者死刑：（一）强奸妇女、奸淫幼女情节恶劣的；（二）强奸妇女、奸淫幼女多人的；（三）在公共场所当众强奸妇女的；（四）二人以上轮奸的；（五）致使被害人重伤、死亡或者造成其他严重后果的。

《最高人民法院、最高人民检察院、公安部、司法部关于依法惩治性侵害未成年人犯罪的意见》规定，知道或者应当知道对方是不满十四周岁的幼女，而实施奸淫等性侵害行为的，应当认定行为人“明知”对方是幼女。

对于不满十二周岁的被害人实施奸淫等性侵害行为的，应当认定行为人“明知”对方是幼女。

对于已满十二周岁不满十四周岁的被害人，从其身体发育状况、言谈举止、衣着特征、生活作息规律等观察可能是幼女，而实施奸淫等性侵害行为的，应当认定行为人“明知”对方是幼女。

以金钱财物等方式引诱幼女与自己发生性关系的；知道或者应当知道幼女被他人强迫卖淫而仍与其发生性关系的，均以强奸罪论处。

二、交通

1. 道路交通事故中的“道路”包括哪些?

案例

2014年12月5日22时许，王某驾驶三轮摩托车在当地铁山镇铁石路（该路系当地村民自行修建）行驶时，因超吕某的电动车，与管某驾驶的同方向行驶的两轮摩托车发生碰撞，致管某死亡。交警接警后赶到现场，经调查认定王某违反交规超车导致管某死亡，王某的行为造成交通事故，应对该起事故负全责。

法条链接

《中华人民共和国道路交通安全法》第一百一十九条规定，本法中下列用语的含义：

（一）“道路”，是指公路、城市道路和虽在单位管辖范围但允许社会机动车通行的地方，包括广场、公共停车场等用于公众通行的场所。

（二）“车辆”，是指机动车和非机动车。

（三）“机动车”，是指以动力装置驱动或者牵引，上道路行驶的供人员乘用或者用于运送物品以及进行工程专项作业的轮式车辆。

（四）“非机动车”，是指以人力或者畜力驱动，上道路行驶的交通工具，以及虽有动力装置驱动但设计最高时速、空车质量、外形尺寸符合有关国家标准的残疾人机动轮椅车、电动自行车等交通工具。

（五）“交通事故”，是指车辆在道路上因过错或者意外造成的人身伤亡或者财产损失的事件。

2. 交通事故发生后，当事人应当注意什么？

案例

陈某开车外出的途中，与他人轿车相撞导致车辆受损，同乘人员头部受伤。双方因责任认定问题争执不下，大打出手，造成现场一片混乱，还造成道路的大拥堵。交通事故发生后，作为司乘人员，应当如何处置？

法条链接

《中华人民共和国道路交通安全法》第七十条规定，在道路上发生交通事故，车辆驾驶人应当立即停车，保护现场；造成人身伤亡的，车辆驾驶人应当立即抢救受伤人员，并迅速报告执勤的交通警察或者公安机关交通管理部门。因抢救受伤人员变动现场的，应当标明位置。乘车人、过往车辆驾驶人、过往行人应当予以协助。

在道路上发生交通事故，未造成人身伤亡，当事人对事实及成因无争议的，可以即行撤离现场，恢复交通，自行协商处理损害赔偿事宜；不即行撤离现场的，应当迅速报告执勤的交通警察或者公安机关交通管理部门。

在道路上发生交通事故，仅造成轻微财产损失，并且基本事实清楚的，当事人应当先撤离现场再进行协商处理。

3. 借用他人汽车发生交通事故应由谁承担责任？

案例

某村村民刘某有一辆桑塔纳小轿车，村民李某到城里办事，为图方便向刘某借车使用，刘某碍于情面虽不乐意仍将车借给李某，但一再叮嘱李某开车小心，李某拍胸脯担保说一定注意，即使出了问题也由自己负责。李某在城里办完事后，因朋友请吃饭多喝了酒，结果在回村的路上与姜某所开的农用车相撞，造成姜某车上搭乘的人一死两伤的后果。交警交通事故鉴定为李某酒后驾车负全责。

法条链接

《中华人民共和国侵权责任法》第四十九条规定，因租赁、借用等情形机动车所有人与使用人不是同一人时，发生交通事故后属于该机动车一方责任的，由保险公司在机动车强制保险责任限额范围内予以赔偿。不足部分，由机动车使用人承担赔偿责任；机动车所有人对损害的发生有过错的，承担相应的赔偿责任。

4. 转让拼装或已达到报废标准的机动车，发生交通事故后，由谁来承担赔偿责任？

案例

赵某考了驾驶证后，为了练习，便从孙某手上买了一辆报废的小轿车。结果在练车的过程中因操作不熟练，与刘某驾驶的车辆相撞，造成刘某车辆严重受损，并造成与刘某同车的一人重伤。事故发生后刘某及伤者向法院起诉，要求赵某和孙某对该起事故承担责任。法院依法判定赵某对该事故造成的损失承担赔偿责任，孙某承担连带赔偿责任。

法条链接

《中华人民共和国侵权责任法》第五十一条规定，以买卖等方式转让拼装或者已达到报废标准的机动车，发生交通事故造成损害的，由转让人和受让人承担连带责任。

5. 醉酒驾驶摩托车是否需要承担法律责任？

案例

村民杨某驾驶摩托车去参加邻村亲属酒席，驾车回家途中由于酒力发作控制能力下降，与韦某驾驶的车辆相撞，造成韦某车辆严重受损，韦某也手臂受伤。交警到场进行调查后，发现杨某属于醉酒驾驶，依法吊销杨某的机动车驾驶证；同时因涉嫌构成犯罪，依法将该案作为刑事案件移交。最终杨某因醉驾构成危险驾驶罪被处以拘役，并处5000元罚金。

法条链接

《中华人民共和国道路交通安全法实施条例》第十六条规定，机动车应当从注册登记之日起，按照下列期限进行安全技术检验：

（一）营运载客汽车5年以内每年检验1次；超过5年的，每6个月检验1次；

（二）载货汽车和大型、中型非营运载客汽车10年以内每年检验1次；超过10年的，每6个月检验1次；

（三）小型、微型非营运载客汽车6年以内每2年检验1次；超过6年的，每年检验1次；超过15年的，每6个月检验1次；

（四）摩托车4年以内每2年检验1次；超过4年的，每年检验1次；

（五）拖拉机和其他机动车每年检验1次。

营运机动车在规定检验期限内经安全技术检验合格的，不再重复进行安全技术检验。

《中华人民共和国道路交通安全法》第九十一条规定，饮酒后驾驶机动车的，处暂扣六个月机动车驾驶证，并处一千元以上二千元以下罚款。因饮酒后驾驶机动车被处罚，再次饮酒后驾驶机动车的，处十日以下拘留，并处一千元以上二千元以下罚款，吊销机动车驾驶证。

醉酒驾驶机动车的，由公安机关交通管理部门约束至酒醒，吊销机动车驾驶证，依法追究刑事责任；五年内不得重新取得机动车驾驶证。

饮酒后驾驶营运机动车的，处十五日拘留，并处五千元罚款，吊销机动车驾驶证，五年内不得重新取得机动车驾驶证。

醉酒驾驶营运机动车的，由公安机关交通管理部门约束至酒醒，吊销机动车驾驶证，依法追究刑事责任；十年内不得重新取得机动车驾驶证，重新取得机动车驾驶证后，不得驾驶营运机动车。

饮酒后或者醉酒驾驶机动车发生重大交通事故，构成犯罪的，依法追究刑事责任，并由公安机关交通管理部门吊销机动车驾驶证，终生不得重新取得机动车驾驶证。

6. 农民占道晒粮食导致交通事故要不要承担责任？

案例

2014年10月，某村青年甲驾驶摩托车回家。因村民乙在乡村道路两旁晒满了粮食，甲为避免摔伤尽量放慢速度前行。但是紧跟其后的一辆机动车因为甲车速太慢想超车行使，结果导致甲惊慌之下紧急向右打轮并制动。由于路边晒满粮食路面很滑，刹车根本起不了作用，甲连人带车摔了出去，造成身体严重受伤，并为此花去不少医疗费。甲将村民乙告上法庭，要求其赔偿因伤害造成的损失。法院最终判定乙承担损害赔偿责任。

法条链接

《中华人民共和国道路交通安全法》第三十一条规定，未经许可，任何单位和个人不得占用道路从事非交通活动。

《中华人民共和国道路交通安全法》第一百零四条规定，未经批准，擅自挖掘道路、占用道路施工或者从事其他影响道路交通安全活动的，由道路主管部门责令停止违法行为，并恢复原状，可以依法给予罚款；致使通行的人员、车辆及其他财产遭受损失的，依法承担赔偿责任……

三、工伤

1. 什么是工伤？

案例

韦某在广州某工厂打工，某日上班过程中突然昏倒，工厂将其紧急送往医院救治，但在送医途中死亡。经鉴定韦某为突发性心脏病导致死亡。事后韦某家属找到工厂要求按工伤对家属进行补偿，但遭到工厂拒绝。韦某家属在法定期限内且工厂未向社会保险行政部门申请工伤认定的前提下，自行向社会保险行政部门申请认定工伤，后依法被认定为工伤，享有相应的工伤保险待遇。

法条链接

《中华人民共和国工伤保险条例》第十四条规定，职工有下列情形之一的，应当认定为工伤：

（一）在工作时间和工作场所内，因工作原因受到事故伤害的；（二）工作时间前后在工作场所内，从事与工作有关的预备性或者收尾性工作受到事故伤害的；（三）在工作时间和工作场所内，因履行工作职责受到暴力等意外伤害的；（四）患职业病的；（五）因工外出期间，由于工作原因受到伤害或者发生事故下落不明的；（六）在上下班途中，受到非本人主要责任的交通事故或者城市轨道交通、客运轮渡、火车事故伤害的；（七）法律、行政法规规定应当认定为工伤的其他情形。

《中华人民共和国工伤保险条例》第十五条规定，职工有下列情形之一的，视同工伤：（一）在工作时间和工作岗位，突发疾病死亡或者在48小时之内经抢救无效死亡的；（二）在抢险救灾等维护国家利益、公共利益活动中受到伤害的；（三）职工原在军队服役，因战、因公负伤致残，已取得革命伤残军人证，到用人单位后旧伤复发的。

职工有前款第（一）项、第（二）项情形的，按照本条例的有关规定享受工伤保险待遇；职工有前款第（三）项情形的，按照本条例的有关规定享受除一次性伤残补助金以外的工伤保险待遇。

《中华人民共和国工伤保险条例》第十六条规定，职工符合本条例第十四条、第十五条的规定，但是有下列情形之一的，不得认定为工伤或者视同工伤：（一）故意犯罪的；（二）醉酒或者吸毒的；（三）自残或者自杀的。

2. 工伤保险应当由谁来购买？

案例

陈某是广州某工厂的工人，在工作期间该工厂不给工人缴纳工伤保险，并称如果工人想缴纳则可以向工厂申请，工厂按规定在应发工资内扣缴。陈某不服，依法向社会保险行政部门投诉，社会保险行政部门依法受理后责令工厂为陈某等工人依法补交了工伤保险费用。

法条链接

《中华人民共和国工伤保险条例》第二条规定，中华人民共和国境内的企业、事业单位、社会团体、民办非企业单位、基金会、律师事务所、会计师事务所等组织和有雇工的个体工商户（以下称用人单位）应当依照本条例规定参加工伤保险，为本单位全部职工或者雇工（以下称职工）缴纳工伤保险费……

《中华人民共和国工伤保险条例》第六十二条规定，用人单位依照本条例规定应当参加工伤保险而未参加的，由社会保险行政部门责令限期参加，补缴应当缴纳的工伤保险费，并自欠缴之日起，按日加收万分之五的滞纳金；逾期仍不缴纳的，处欠缴数额1倍以上3倍以下的罚款。

依照本条例规定应当参加工伤保险而未参加工伤保险的用人单位职工发生工伤的，由该用人单位按照本条例规定的工伤保险待遇项目和标准支付费用。

用人单位参加工伤保险并补缴应当缴纳的工伤保险费、滞纳金后，由工伤保险基金和用人单位依照本条例的规定支付新发生的费用。

3. 工伤认定需要哪些材料？职工在工伤申请中应该注意哪些细节？

案例

张某为某厂工人，在工作过程中因机器故障不慎被机器压断两根手指，花去不少医药费及落下了残疾。工厂在法定期限内拒绝张某申请工伤认定。张某想自行向保险行政部门提交认定工伤的申请，张某应提交哪些材料？

法条链接

《中华人民共和国工伤保险条例》第十八条规定，提出工伤认定申请应当提交下列材料：（一）工伤认定申请表；（二）与用人单位存在劳动关系（包括事实劳动关系）的证明材料；（三）医疗诊断证明或者职业病诊断证明书（或者职业病诊断鉴定书）。

工伤认定申请表应当包括事故发生的时间、地点、原因以及职工伤害程度等基本情况。

工伤认定申请人提供材料不完整的，社会保险行政部门应当一次性书面告知工伤认定申请人需要补正的全部材料。申请人按照书面告知要求补正材料后，社会保险行政部门应当受理。

4. 个体工商户的雇工能享受工伤保险待遇吗?

案例

个体工商户张某雇佣陈某为其看护店铺。某日，陈某在看护店铺过程中，因店内堆放的货物太多堆放不稳，货物落下将陈某砸成重伤住院，花费了不少医药费。陈某的家属要求张某给予陈某工伤待遇，张某一口回绝。陈某作为个体工商户的雇员能否享受工伤保险待遇?

法条链接

《中华人民共和国工伤保险条例》第二条规定，中华人民共和国境内的企业、事业单位、社会团体、民办非企业单位、基金会、律师事务所、会计师事务所等组织和有雇工的个体工商户（以下称用人单位）应当依照本条例规定参加工伤保险，为本单位全部职工或者雇工（以下称职工）缴纳工伤保险费。

中华人民共和国境内的企业、事业单位、社会团体、民办非企业单位、基金会、律师事务所、会计师事务所等组织的职工和个体工商户的雇工，均有依照本条例的规定享受工伤保险待遇的权利。

四、医患纠纷

1. 在无证的私人诊所就医出现意外，算医疗事故吗?

案例

村民小王因发烧感冒到村口廖某开的诊所去输液，结果不仅没有把病治好，还因输液导致休克被送到大医院抢救，幸免于死。后经查发现廖某无行医资质，诊所也是无证经营。小王的事故是否是医疗事故？他应该如何维权？

医疗事故法律关系的形成，需要双方具备相应的主体要件。根据我国医疗事故处理条例的规定，医疗事故的主体应是医疗机构及其医务人员。无证的诊所没有执业许可证，不属于医疗机构，因此不能按医疗事故处理。小王可以收集相关证据，向法院提起人身损害赔偿的诉讼。

法条链接

《中华人民共和国医疗事故处理条例》第二条规定，本条例所称医疗事故，是指医疗机构及其医务人员在医疗活动中，违反医疗卫生管理法律、行政法规、部门规章和诊疗护理规范、常规，过失造成患者人身损害的事故。

《中华人民共和国医疗事故处理条例》第六十条规定，本条例所称医疗机构，是指依照《医疗机构管理条例》的规定取得《医疗机构执业许可证》的机构。

《中华人民共和国医疗事故处理条例》第六十一条规定，非法行医，造成患者人身损害，不属于医疗事故，触犯刑律的，依法追究刑事责任；有关赔偿，由受害人直接向人民法院提起诉讼。

2. 医院有权拒绝收治危重病人吗？

案例

老蒋65岁，一天外出散步时因心脏病发作晕倒在地，好心路人将其送到医院救治。医院见病人没有家属且身份不明，怕承担责任拒绝救治，老蒋终因未得到及时救治去世。老蒋家属知道此事后认为医院拒收导致老蒋死亡，以医疗事故为由要求医院承担责任。医院有权拒绝收危重病人救治吗?

作为医疗机构，救死扶伤是其职业道德的基本要求。对于危重病人医院应当先行使救治义务，无拒绝收治的权利。

法条链接

《中华人民共和国执业医师法》第二十四条规定，对急危患者，医师应当采取紧急措施进行诊治；不得拒绝急救处置。

《中华人民共和国医疗机构管理条例》第三十一条规定，医疗机构对危重病人应当立即抢救。对限于设备或者技术条件不能诊治的病人，应当及时转诊。

3. 因医疗事故受到损害，应以谁为被告？

案例

廖某因病到医院就诊。医生韩某为其诊治后开针药并由护士刘某对廖某进行肌肉注射。廖某注射后感觉左胳膊打针处一直疼痛无法正常活动。三天后因疼痛加剧廖某再次到医院诊治，被确诊为肌肉注射造成坐骨神经损伤。廖某为此花去医药费8000余元。出院后，廖某将医生韩某和护士刘某告上法庭要求赔偿。本事故的责任人究竟应该是谁?

病人因医疗事故受到损害，是因为医疗机构或其工作人员在诊疗过程中的职务过错行为导致，因此该损害赔偿的被告方应当是医疗机构，而不是具体实施医疗行为的医疗机构工作人员。

法条链接

《最高人民法院关于适用〈中华人民共和国民事诉讼法〉若干问题的意见》第四十二条规定，法人或者其他组织的工作人员因职务行为或者授权行为发生的诉讼，该法人或其组织为当事人。

《中华人民共和国侵权责任法》第三十四条规定，用人单位的工作人员因执行工作任务造成他人损害的，由用人单位承担侵权责任……

4. 医生透露病情导致病人被“吓死”，医院应负责赔偿吗?

案例

韦先生因胃部疼痛到医院就医，经院方检查确诊为肿瘤，需手术治疗，但韦先生因害怕不肯接受治疗。他的子女再三要求医生在父亲面前淡化病情，最终经家人及医生的配合劝说，韦先生才勉强同意手术。经过一段时间的调理，韦先生的身体适合做手术了。一天，一名年轻的麻醉师为韦先生做检查。由于韦先生身体瘦小，麻醉师随口说：“这么大的手术，身体撑得住吗？”韦先生一听，吓得“扑通”一声栽倒在地上，虽经医院抢救仍没有醒过来。医院要对韦先生被“吓死”的后果负责任吗?

病人有知情权，医院有告知义务。一般医院应当将患者的病情、医疗措施、医疗风险等如实告知患者及其家属，但是应当避免对患者造成不利后果。如果医院的告知方法确实失当，导致病患出现额外损害的，医院应承担相应的责任。

法条链接

《中华人民共和国医疗事故处理条例》第十一条规定，在医疗活动中，医疗机构及其医务人员应当将患者的病情、医疗措施、医疗风险等如实告知患者，及时解答其咨询；但是，应当避免对患者产生不利后果。

《中华人民共和国执业医师法》第二十六条规定，医师应当如实向患者或者其家属介绍病情，但应注意避免对患者产生不利后果……

第五部分

维权方式

【导读】

调解

诉讼

法律援助

当公民的合法权益受到侵害时，选择何种方式维权？如何合法维权？这是公民维护自身合法权益必须明确的重要问题。根据相关法律的规定，目前主要的维权方式有和解、调解、申诉、仲裁、诉讼、举报、上访等。本部分内容主要涉及调解、诉讼、法律援助等方面的问题，为老百姓的维权提供合法的方式指引。

一、调解

1. 打伤他人是否可以调解解决?

案例

李某到一家饭店吃饭，席间多喝了点酒，便开始酒后闹事。服务员张某上前制止，结果被李某一拳打倒在地，头破血流。饭店经理急忙将其送往医院救治，张某因被打成脑震荡住院治疗，花去医疗费近万元。李某酒醒后非常后悔，到医院多次看望并承诺赔偿损失。饭店经理怕事情闹大对饭店影响不好，遂说服张某将该事私了。双方达成协议，李某赔偿张某因伤的一切损失，张某不再追究李某的任何法律责任。李某与张某经饭店经理调解，达成协议不追究任何法律责任的做法合不合法?

伤害案件，根据伤害程度不同，可以分别以公诉和自诉的形式提出刑事诉讼；有证据证明的轻伤害案件，被害人可以直接向法院起诉，也可以跟对方当事人协商和解或者在第三方介入下调解解决。但是本案中李某对张某的伤害已超出轻伤害的范畴，不属于可以调解协商的范畴。

法条链接

《中华人民共和国刑事诉讼法》第二百零六条规定，人民法院对自诉案件，可以进行调解；自诉人在宣告判决前，可以同被告人自行和解或者撤回自诉。本法第二百零四条第三项规定的案件不适用调解……

《中华人民共和国刑事诉讼法》第二百零四条规定，自诉案件包括下列案件：（一）告诉才处理的案件；（二）被害人有证据证明的轻微刑事案件；（三）被害人有证据证明对被告人侵犯自己人身、财产权利的行为应当依法追究刑事责任，而公安机关或者人民检察院不予追究被告人刑事责任的案件。

2. 经法院调解，当事人签订调解协议后一方能否反悔?

案例

张某因债务纠纷将陈某告上法庭。法庭审理过程中，在合议庭的组织调解下双方达成了调解协议，并当场签字确认。事后张某认为调解达成的内容还是不太满意，拒绝执行协议。陈某因张某不执行调解协议申请法院强制执行，法院依法对张某强制执行协议。

法条链接

《中华人民共和国民事诉讼法》第九十三条规定，人民法院审理民事案件，根据当事人自愿的原则，在事实清楚的基础上，分清是非，进行调解。

《中华人民共和国民事诉讼法》第九十六条规定，调解达成协议，必须双方自愿，不得强迫。调解协议的内容不得违反法律规定。

《中华人民共和国民事诉讼法》第九十七条规定，调解达成协议，人民法院应当制作调解书。调解书应当写明诉讼请求、案件的事实和调解结果。

调解书由审判人员、书记员署名，加盖人民法院印章，送达双方当事人。

调解书经双方当事人签收后，即具有法律效力。

3. 行政诉讼过程中可以调解吗？

案例

陈某在驾驶小车通过路口时被交警拦下，并被告知因违反交规被罚款300元，扣6分。陈某不服，将该交警队告上法庭。在诉讼过程中，交警队申请法院对该纠纷进行调解，法院依法驳回了交警队的请求。

法条链接

《中华人民共和国行政诉讼法》第六十条规定，人民法院审理行政案件，不适用调解。但是，行政赔偿、补偿以及行政机关行使法律、法规规定的自由裁量权的案件可以调解。

二、诉讼

1. 民事权利受损害，什么时候都可以向人民法院起诉吗?

案例

薛某于2008年4月向何某借款5万元，商定还款期为2010年2月。但时至2013年11月，薛某都未归还，几年中何某也未曾向薛某讨要过这笔欠款。2013年12月何某在向薛某要求还款未果的情况下向法院起诉。法院对于双方借款合同一事审查后依法驳回了何某的诉讼请求。

法条链接

《中华人民共和国民法通则》第一百三十五条规定，向人民法院请求保护民事权利的诉讼时效期间为二年，法律另有规定的除外。

《中华人民共和国民法通则》第一百三十六条规定，下列的诉讼时效期间为一年：（一）身体受到伤害要求赔偿的；（二）出售质量不合格的商品未声明的；（三）延付或者拒付租金的；（四）寄存财物被丢失或者损毁的。

《中华人民共和国民法通则》第一百三十七条规定，诉讼时效期间从知道或者应当知道权利被侵害时起计算。但是，从权利被侵害之日起超过二十年的，人民法院不予保护。有特殊情况的，人民法院可以延长诉讼时效期间。

《中华人民共和国民法通则》第一百三十八条规定，超过诉讼时效期间，当事人自愿履行的，不受诉讼时效限制。

2. 一般的民事案件通常应向哪个法院起诉？

案例

居住在A市的张某遇到居住在B市的好友范某，范某因生意缺少资金向张某借了三万元现金，约定半年后返还。半年后因范某未如期还款两人产生纠纷，张某决定起诉范某。为方便诉讼，张某将该案起诉至A市法院，A市法院依法裁定不予受理。

法条链接

《中华人民共和国民事诉讼法》第二十一条规定，对公民提起的民事诉讼，由被告住所地人民法院管辖；被告住所地与经常居住地不一致的，由经常居住地人民法院管辖。

对法人或者其他组织提起的民事诉讼，由被告住所地人民法院管辖。

同一诉讼的几个被告住所地、经常居住地在两个以上人民法院辖区的，各该人民法院都有管辖权。

《中华人民共和国民事诉讼法》第二十二条规定，下列民事诉讼，由原告住所地人民法院管辖；原告住所地与经常居住地不一致的，由原告经常居住地人民法院管辖：（一）对不在中华人民共和国领域内居住的人提起的有关身份关系的诉讼；（二）对下落不明或者宣告失踪的人提起的有关身份关系的诉讼；（三）对被采取强制性教育措施的人提起的诉讼；（四）对被监禁的人提起的诉讼。

《中华人民共和国民事诉讼法》第三十五条规定，两个以上人民法院都有管辖权的诉讼，原告可以向其中一个人民法院起诉；原告向两个以上有管辖权的人民法院起诉的，由最先立案的人民法院管辖。

3. 未成年人被撞伤，母亲能以原告的身份起诉吗？

案例

杨某年仅7岁，在一次与同学出去玩的途中，被刘某驾驶的汽车撞伤住院一个星期。杨某的父母多次找刘某要求赔偿损失，但刘某却以种种借口搪塞。在协商无果的情况下，杨某的父母以自己的名义向法院提起了诉讼，法院受理审查时认为原告身份应为杨某，否则法院不予受理。

法条链接

《中华人民共和国民事诉讼法》第一百一十九条规定，起诉必须符合下列条件：

（一）原告是与本案有直接利害关系的公民、法人和其他组织；

（二）有明确的被告；

（三）有具体的诉讼请求和事实、理由；

（四）属于人民法院受理民事诉讼的范围和受诉人民法院管辖。

《中华人民共和国民事诉讼法》第五十七条规定，无诉讼行为能力人由他的监护人作为法定代理人代为诉讼。法定代理人之间互相推诿代理责任的，由人民法院指定其中一人代为诉讼。

4. 诉讼中发现法官与对方当事人是亲戚怎么办？

案例

张某因与杨某产生了债务纠纷，将杨某诉至法院。杨某在开庭前就说自己在法院有人，张某是告不了他的。在庭审过程中，张某果然发现杨某和主审法官很熟悉，经打听才知道原来主审法官是杨某的父亲。张某依法提出要求主审法官回避的申请，法院支持了张某的请求，依法更换了主审法官，杨某的父亲不能参审该案。

法条链接

《中华人民共和国刑事诉讼法》第二十八条规定，审判人员、检察人员、侦查人员有下列情形之一的，应当自行回避，当事人及其法定代理人也有权要求他们回避：（一）是本案的当事人或者是当事人的近亲属的；（二）本人或者他的近亲属和本案有利害关系的；（三）担任过本案的证人、鉴定人、辩护人、诉讼代理人的；（四）与本案当事人有其他关系，可能影响公正处理案件的。

《中华人民共和国刑事诉讼法》第二十九条规定，审判人员、检察人员、侦查人员不得接受当事人及其委托的人的请客送礼，不得违反规定会见当事人及其委托的人。

审判人员、检察人员、侦查人员违反前款规定的，应当依法追究法律责任。当事人及其法定代理人有权要求他们回避。

《中华人民共和国刑事诉讼法》第三十条规定，审判人员、检察人员、侦查人员的回避，应当分别由院长、检察长、公安机关负责人决定；院长的回避，由本院审判委员会决定；检察长和公安机关负责人的回避，由同级人民检察院检察委员会决定。

对侦查人员的回避作出决定前，侦查人员不能停止对案件的侦查。

对驳回申请回避的决定，当事人及其法定代理人可以申请复议一次。

《中华人民共和国刑事诉讼法》第三十一条规定，本章关于回避的规定适用于书记员、翻译人员和鉴定人。

辩护人、诉讼代理人可以依照本章的规定要求回避、申请复议。

5. 被告在诉讼过程中转移财产，原告该怎么办？

案例

陈某向张某借款10万元，还款期到后陈某未如期还款，经多次催要无果后张某将陈某诉至法院。但在法院审理案件过程中，张某了解到陈某为逃避债务正在私下转移财产。张某为保证自己胜诉后有财产可执行，于是向法院提出财产保全的申请。法院在要求张某提供一定担保的情况下，依法冻结了陈某的相关财产。

法条链接

《中华人民共和国民事诉讼法》第一百条规定，人民法院对于可能因当事人一方的行为或者其他原因，使判决难以执行或者造成当事人其他损害的案件，根据对方当事人的申请，可以裁定对其财产进行保全、责令其作出一定行为或者禁止其作出一定行为；当事人没有提出申请的，人民法院在必要时也可以裁定采取保全措施。

人民法院采取保全措施，可以责令申请人提供担保，申请人不提供担保的，裁定驳回申请。

人民法院接受申请后，对情况紧急的，必须在四十八小时内作出裁定；裁定采取保全措施的，应当立即开始执行。

《中华人民共和国民事诉讼法》第一百零一条规定，利害关系人因情况紧急，不立即申请保全将会使其合法权益受到难以弥补的损害的，可以在提起诉讼或者申请仲裁前向被保全财产所在地、被申请人住所地或者对案件有管辖权的人民法院申请采取保全措施。申请人应当提供担保，不提供担保的，裁定驳回申请。

人民法院接受申请后，必须在四十八小时内作出裁定；裁定采取保全措施的，应当立即开始执行。

申请人在人民法院采取保全措施后三十日内不依法提起诉讼或者申请仲裁的，人民法院应当解除保全。

三、法律援助

1. 农民工打官司，没钱请律师怎么办？

案例

袁某在某企业打工多年，一直以来企业都如期支付工资，生活还算过得去。2014年7月的一天，袁某在上班过程中不慎将自己的左手伸到机器中，被机器卷入造成左手重伤住院。自袁某住院后，企业就不管不顾，袁某因受伤住院生活陷入困顿，想与企业打官司维护自己的合法权利，但又苦于没有钱请律师。于是袁某向当地法律援助中心申请法律援助，法律援助中心受理袁某的申请后，经过审核认为袁某符合法律援助的条件，依法指派律师张某为其提供法律服务。袁某在律师张某的帮助下依法从企业得到了相应的赔偿。

法条链接

《中华人民共和国法律援助条例》第一条规定，为了保障经济困难的公民获得必要的法律服务，促进和规范法律援助工作，制定本条例。

《中华人民共和国法律援助条例》第二条规定，符合本条例规定的公民，可以依照本条例获得法律咨询、代理、刑事辩护等无偿法律服务。

《中华人民共和国法律援助条例》第十条规定，公民对下列需要代理的事项，因经济困难没有委托代理人的，可以向法律援助机构申请法律援助：（一）依法请求国家赔偿的；（二）请求给予社会保险待遇或者最低生活保障待遇的；（三）请求发给抚恤金、救济金的；（四）请求给付赡养费、抚养费、扶养费的；（五）请求支付劳动报酬的；（六）主张因见义勇为行为产生的民事权益的。

省、自治区、直辖市人民政府可以对前款规定以外的法律援助事项作出补充规定。

公民可以就本条第一款、第二款规定的事项向法律援助机构申请法律咨询。

《中华人民共和国法律援助条例》第十一条规定，刑事诉讼中有下列情形之一的，公民可以向法律援助机构申请法律援助：（一）犯罪嫌疑人在被侦查机关第一次讯问后或者采取强制措施之日起，因经济困难没有聘请律师的；（二）公诉案件中的被害人及其法定代理人或者近亲属，自案件移送审查起诉之日起，因经济困难没有委托诉讼代理人的；（三）自诉案件的自诉人及其法定代理人，自案件被人民法院受理之日起，因经济困难没有委托诉讼代理人的。

2. 未成年人犯罪，没有委托辩护人应该怎么办？

案例

小李（16周岁）因故意伤害罪被公安机关立案侦查，在第一次讯问小李时，公安机关告知小李可以委托辩护人。小李从小是孤儿，跟随叔叔一起长大，叔叔也没有正当职业，无法付钱替他请律师。公安机关于是依法通知法律援助机构指派律师为其提供辩护。

法条链接

《中华人民共和国刑事诉讼法》第二百六十七条规定，未成年犯罪嫌疑人、被告人没有委托辩护人的，人民法院、人民检察院、公安机关应当通知法律援助机构指派律师为其提供辩护。

《中华人民共和国法律援助条例》第十二条规定，被告人是盲、聋、哑人或者未成年人而没有委托辩护人的，或者被告人可能被判处死刑而没有委托辩护人的，人民法院为被告人指定辩护时，法律援助机构应当提供法律援助，无须对被告人进行经济状况的审查。

3. 法律援助申请人应向哪个法律援助机构提出申请?

案例

2013年初，刘某（女，72岁）因其子王某不履行赡养义务而与王某发生争执，在相互推搡的过程中，王某将刘某推倒致使刘某摔成重伤。刘某因摔伤在医院治疗，其生活更是雪上加霜，因经济困难不得已住院两天后被迫出院回家治疗，出院时仍不敢下床活动。王某自刘某摔伤后一直不过问，也不支付赡养费及医疗费。刘某应向哪个法律援助机构提出法律援助申请?

法条链接

《中华人民共和国法律援助条例》第十四条规定，公民就本条例第十条所列事项申请法律援助，应当按照下列规定提出：

（一）请求国家赔偿的，向赔偿义务机关所在地的法律援助机构提出申请；（二）请求给予社会保险待遇、最低生活保障待遇或者请求发给抚恤金、救济金的，向提供社会保险待遇、最低生活保障待遇或者发给抚恤金、救济金的义务机关所在地的法律援助机构提出申请；（三）请求给付赡养费、抚养费、扶养费的，向给付赡养费、抚养费、扶养费的义务人住所地的法律援助机构提出申请；（四）请求支付劳动报酬的，向支付劳动报酬的义务人住所地的法律援助机构提出申请；（五）主张因见义勇为行为产生的民事权益的，向被请求人住所地的法律援助机构提出申请。

《中华人民共和国法律援助条例》第十五条规定，本条例第十一条所列人员申请法律援助的，应当向审理案件的人民法院所在地的法律援助机构提出申请。被羁押的犯罪嫌疑人的申请由看守所在24小时内转交法律援助机构，申请法律援助所需提交的有关证件、证明材料由看守所通知申请人的法定代理人或者近亲属协助提供。